退役誓词

我是中国人民解放军军人，
即将退出现役，
我宣誓：
服从中国共产党的领导，
忠于祖国，忠于人民，
保守军事秘密，
珍惜军人荣誉，
永葆军人本色，
为军旗增辉，为军队争光。
若有战，召必回！

退役军人法律法规汇编

中国法治出版社

目　录

中华人民共和国退役军人保障法 ……………… 1
　　（2020年11月11日）
中华人民共和国兵役法 …………………………… 30
　　（2021年8月20日）
中华人民共和国军人地位和权益保障法 …… 55
　　（2021年6月10日）
中华人民共和国军人保险法 …………………… 79
　　（2012年4月27日）
退役军人安置条例 ………………………………… 94
　　（2024年7月29日）
军人抚恤优待条例 ………………………………… 131
　　（2024年8月5日）

军队转业干部安置暂行办法 …………… 167
　　（2001年1月19日）
伤残抚恤管理办法 ………………………… 195
　　（2019年12月16日）
优抚医院管理办法 ………………………… 231
　　（2022年6月28日）
优抚对象医疗保障办法 …………………… 242
　　（2022年6月16日）
退役军人逐月领取退役金安置办法 ……… 248
　　（2021年12月24日）
逐月领取退役金退役军人服务管理规定 … 268
　　（2022年）
困难退役军人帮扶援助工作规范 ………… 276
　　（2025年1月20日）
残疾军人康复辅助器具配置办法 ………… 282
　　（2025年1月17日）
残疾退役军人医疗保障办法 ……………… 289
　　（2022年1月5日）

退役军人、其他优抚对象优待证管理办法（试行） ················· 298
　（2021 年 11 月 15 日）

中华人民共和国退役军人保障法

（2020年11月11日第十三届全国人民代表大会常务委员会第二十三次会议通过 2020年11月11日中华人民共和国主席令第63号公布 自2021年1月1日起施行）

目　　录

第一章　总　　则
第二章　移交接收
第三章　退役安置
第四章　教育培训
第五章　就业创业
第六章　抚恤优待
第七章　褒扬激励

第八章　服务管理
第九章　法律责任
第十章　附　　则

第一章　总　　则

第一条　为了加强退役军人保障工作，维护退役军人合法权益，让军人成为全社会尊崇的职业，根据宪法，制定本法。

第二条　本法所称退役军人，是指从中国人民解放军依法退出现役的军官、军士和义务兵等人员。

第三条　退役军人为国防和军队建设做出了重要贡献，是社会主义现代化建设的重要力量。

尊重、关爱退役军人是全社会的共同责任。国家关心、优待退役军人，加强退役军人保障体系建设，保障退役军人依法享有相应的权益。

第四条　退役军人保障工作坚持中国共产

党的领导,坚持为经济社会发展服务、为国防和军队建设服务的方针,遵循以人为本、分类保障、服务优先、依法管理的原则。

第五条 退役军人保障应当与经济发展相协调,与社会进步相适应。

退役军人安置工作应当公开、公平、公正。

退役军人的政治、生活等待遇与其服现役期间所做贡献挂钩。

国家建立参战退役军人特别优待机制。

第六条 退役军人应当继续发扬人民军队优良传统,模范遵守宪法和法律法规,保守军事秘密,践行社会主义核心价值观,积极参加社会主义现代化建设。

第七条 国务院退役军人工作主管部门负责全国的退役军人保障工作。县级以上地方人民政府退役军人工作主管部门负责本行政区域的退役军人保障工作。

中央和国家有关机关、中央军事委员会有关部门、地方各级有关机关应当在各自职责范围内做好退役军人保障工作。

军队各级负责退役军人有关工作的部门与县级以上人民政府退役军人工作主管部门应当密切配合,做好退役军人保障工作。

第八条 国家加强退役军人保障工作信息化建设,为退役军人建档立卡,实现有关部门之间信息共享,为提高退役军人保障能力提供支持。

国务院退役军人工作主管部门应当与中央和国家有关机关、中央军事委员会有关部门密切配合,统筹做好信息数据系统的建设、维护、应用和信息安全管理等工作。

第九条 退役军人保障工作所需经费由中央和地方财政共同负担。退役安置、教育培训、抚恤优待资金主要由中央财政负担。

第十条 国家鼓励和引导企业、社会组织、个人等社会力量依法通过捐赠、设立基金、志愿服务等方式为退役军人提供支持和帮助。

第十一条 对在退役军人保障工作中做出

突出贡献的单位和个人，按照国家有关规定给予表彰、奖励。

第二章 移交接收

第十二条 国务院退役军人工作主管部门、中央军事委员会政治工作部门、中央和国家有关机关应当制定全国退役军人的年度移交接收计划。

第十三条 退役军人原所在部队应当将退役军人移交安置地人民政府退役军人工作主管部门，安置地人民政府退役军人工作主管部门负责接收退役军人。

退役军人的安置地，按照国家有关规定确定。

第十四条 退役军人应当在规定时间内，持军队出具的退役证明到安置地人民政府退役军人工作主管部门报到。

第十五条 安置地人民政府退役军人工作

主管部门在接收退役军人时，向退役军人发放退役军人优待证。

退役军人优待证全国统一制发、统一编号，管理使用办法由国务院退役军人工作主管部门会同有关部门制定。

第十六条　军人所在部队在军人退役时，应当及时将其人事档案移交安置地人民政府退役军人工作主管部门。

安置地人民政府退役军人工作主管部门应当按照国家人事档案管理有关规定，接收、保管并向有关单位移交退役军人人事档案。

第十七条　安置地人民政府公安机关应当按照国家有关规定，及时为退役军人办理户口登记，同级退役军人工作主管部门应当予以协助。

第十八条　退役军人原所在部队应当按照有关法律法规规定，及时将退役军人及随军未就业配偶的养老、医疗等社会保险关系和相应资金，转入安置地社会保险经办机构。

安置地人民政府退役军人工作主管部门应

当与社会保险经办机构、军队有关部门密切配合，依法做好有关社会保险关系和相应资金转移接续工作。

第十九条　退役军人移交接收过程中，发生与其服现役有关的问题，由原所在部队负责处理；发生与其安置有关的问题，由安置地人民政府负责处理；发生其他移交接收方面问题的，由安置地人民政府负责处理，原所在部队予以配合。

退役军人原所在部队撤销或者转隶、合并的，由原所在部队的上级单位或者转隶、合并后的单位按照前款规定处理。

第三章　退役安置

第二十条　地方各级人民政府应当按照移交接收计划，做好退役军人安置工作，完成退役军人安置任务。

机关、群团组织、企业事业单位和社会组

织应当依法接收安置退役军人，退役军人应当接受安置。

第二十一条　对退役的军官，国家采取退休、转业、逐月领取退役金、复员等方式妥善安置。

以退休方式移交人民政府安置的，由安置地人民政府按照国家保障与社会化服务相结合的方式，做好服务管理工作，保障其待遇。

以转业方式安置的，由安置地人民政府根据其德才条件以及服现役期间的职务、等级、所做贡献、专长等和工作需要安排工作岗位，确定相应的职务职级。

服现役满规定年限，以逐月领取退役金方式安置的，按照国家有关规定逐月领取退役金。

以复员方式安置的，按照国家有关规定领取复员费。

第二十二条　对退役的军士，国家采取逐月领取退役金、自主就业、安排工作、退休、供养等方式妥善安置。

服现役满规定年限，以逐月领取退役金方式安置的，按照国家有关规定逐月领取退役金。

服现役不满规定年限，以自主就业方式安置的，领取一次性退役金。

以安排工作方式安置的，由安置地人民政府根据其服现役期间所做贡献、专长等安排工作岗位。

以退休方式安置的，由安置地人民政府按照国家保障与社会化服务相结合的方式，做好服务管理工作，保障其待遇。

以供养方式安置的，由国家供养终身。

第二十三条 对退役的义务兵，国家采取自主就业、安排工作、供养等方式妥善安置。

以自主就业方式安置的，领取一次性退役金。

以安排工作方式安置的，由安置地人民政府根据其服现役期间所做贡献、专长等安排工作岗位。

以供养方式安置的，由国家供养终身。

第二十四条 退休、转业、逐月领取退役金、复员、自主就业、安排工作、供养等安置方式的适用条件,按照相关法律法规执行。

第二十五条 转业军官、安排工作的军士和义务兵,由机关、群团组织、事业单位和国有企业接收安置。对下列退役军人,优先安置:

(一)参战退役军人;

(二)担任作战部队师、旅、团、营级单位主官的转业军官;

(三)属于烈士子女、功臣模范的退役军人;

(四)长期在艰苦边远地区或者特殊岗位服现役的退役军人。

第二十六条 机关、群团组织、事业单位接收安置转业军官、安排工作的军士和义务兵的,应当按照国家有关规定给予编制保障。

国有企业接收安置转业军官、安排工作的军士和义务兵的,应当按照国家规定与其签订劳动合同,保障相应待遇。

前两款规定的用人单位依法裁减人员时,应当优先留用接收安置的转业和安排工作的退役军人。

第二十七条 以逐月领取退役金方式安置的退役军官和军士，被录用为公务员或者聘用为事业单位工作人员的，自被录用、聘用下月起停发退役金，其待遇按照公务员、事业单位工作人员管理相关法律法规执行。

第二十八条 国家建立伤病残退役军人指令性移交安置、收治休养制度。军队有关部门应当及时将伤病残退役军人移交安置地人民政府安置。安置地人民政府应当妥善解决伤病残退役军人的住房、医疗、康复、护理和生活困难。

第二十九条 各级人民政府加强拥军优属工作，为军人和家属排忧解难。

符合条件的军官和军士退出现役时，其配偶和子女可以按照国家有关规定随调随迁。

随调配偶在机关或者事业单位工作，符合有关法律法规规定的，安置地人民政府负责安排到相应的工作单位；随调配偶在其他单位工作或者无工作单位的，安置地人民政府应当提供就业指导,协助实现就业。

随迁子女需要转学、入学的,安置地人民政府教育行政部门应当予以及时办理。对下列退役军人的随迁子女,优先保障:

(一)参战退役军人;

(二)属于烈士子女、功臣模范的退役军人;

(三)长期在艰苦边远地区或者特殊岗位服现役的退役军人;

(四)其他符合条件的退役军人。

第三十条 军人退役安置的具体办法由国务院、中央军事委员会制定。

第四章 教育培训

第三十一条 退役军人的教育培训应当以提高就业质量为导向,紧密围绕社会需求,为退役军人提供有特色、精细化、针对性强的培训服务。

国家采取措施加强对退役军人的教育培训,

帮助退役军人完善知识结构，提高思想政治水平、职业技能水平和综合职业素养，提升就业创业能力。

第三十二条　国家建立学历教育和职业技能培训并行并举的退役军人教育培训体系，建立退役军人教育培训协调机制，统筹规划退役军人教育培训工作。

第三十三条　军人退役前，所在部队在保证完成军事任务的前提下，可以根据部队特点和条件提供职业技能储备培训，组织参加高等教育自学考试和各类高等学校举办的高等学历继续教育，以及知识拓展、技能培训等非学历继续教育。

部队所在地县级以上地方人民政府退役军人工作主管部门应当为现役军人所在部队开展教育培训提供支持和协助。

第三十四条　退役军人在接受学历教育时，按照国家有关规定享受学费和助学金资助等国家教育资助政策。

高等学校根据国家统筹安排，可以通过单列计划、单独招生等方式招考退役军人。

第三十五条　现役军人入伍前已被普通高等学校录取或者是正在普通高等学校就学的学生，服现役期间保留入学资格或者学籍，退役后两年内允许入学或者复学，可以按照国家有关规定转入本校其他专业学习。达到报考研究生条件的，按照国家有关规定享受优惠政策。

第三十六条　国家依托和支持普通高等学校、职业院校（含技工院校）、专业培训机构等教育资源，为退役军人提供职业技能培训。退役军人未达到法定退休年龄需要就业创业的，可以享受职业技能培训补贴等相应扶持政策。

军人退出现役，安置地人民政府应当根据就业需求组织其免费参加职业教育、技能培训，经考试考核合格的，发给相应的学历证书、职业资格证书或者职业技能等级证书并推荐就业。

第三十七条　省级人民政府退役军人工作主管部门会同有关部门加强动态管理，定期对为退役军人提供职业技能培训的普通高等学校、职业院校（含技工院校）、专业培训机构的培训质量进行检查和考核，提高职业技能培训质量和水平。

第五章　就业创业

第三十八条　国家采取政府推动、市场引导、社会支持相结合的方式，鼓励和扶持退役军人就业创业。

第三十九条　各级人民政府应当加强对退役军人就业创业的指导和服务。

县级以上地方人民政府退役军人工作主管部门应当加强对退役军人就业创业的宣传、组织、协调等工作，会同有关部门采取退役军人专场招聘会等形式，开展就业推荐、职业指导，帮助退役军人就业。

第四十条　服现役期间因战、因公、因病致残被评定残疾等级和退役后补评或者重新评定残疾等级的残疾退役军人，有劳动能力和就业意愿的，优先享受国家规定的残疾人就业优惠政策。

第四十一条 公共人力资源服务机构应当免费为退役军人提供职业介绍、创业指导等服务。

国家鼓励经营性人力资源服务机构和社会组织为退役军人就业创业提供免费或者优惠服务。

退役军人未能及时就业的，在人力资源和社会保障部门办理求职登记后，可以按照规定享受失业保险待遇。

第四十二条 机关、群团组织、事业单位和国有企业在招录或者招聘人员时，对退役军人的年龄和学历条件可以适当放宽，同等条件下优先招录、招聘退役军人。退役的军士和义务兵服现役经历视为基层工作经历。

退役的军士和义务兵入伍前是机关、群团组织、事业单位或者国有企业人员的，退役后可以选择复职复工。

第四十三条 各地应当设置一定数量的基层公务员职位,面向服现役满五年的高校毕业生退役军人招考。

服现役满五年的高校毕业生退役军人可以报考面向服务基层项目人员定向考录的职位,同服务基层项目人员共享公务员定向考录计划。

各地应当注重从优秀退役军人中选聘党的基层组织、社区和村专职工作人员。

军队文职人员岗位、国防教育机构岗位等,应当优先选用符合条件的退役军人。

国家鼓励退役军人参加稳边固边等边疆建设工作。

第四十四条 退役军人服现役年限计算为工龄,退役后与所在单位工作年限累计计算。

第四十五条 县级以上地方人民政府投资建设或者与社会共建的创业孵化基地和创业园区,应当优先为退役军人创业提供服务。有条件的地区可以建立退役军人创业孵化基地和创业园区，为退役军人提供经营场地、投资融资等方面的优惠服务。

第四十六条 退役军人创办小微企业，可以按照国家有关规定申请创业担保贷款，并享受贷款贴息等融资优惠政策。

退役军人从事个体经营，依法享受税收优惠政策。

第四十七条 用人单位招用退役军人符合国家规定的，依法享受税收优惠等政策。

第六章 抚恤优待

第四十八条 各级人民政府应当坚持普惠与优待叠加的原则，在保障退役军人享受普惠性政策和公共服务基础上，结合服现役期间所做贡献和各地实际情况给予优待。

对参战退役军人，应当提高优待标准。

第四十九条 国家逐步消除退役军人抚恤优待制度城乡差异、缩小地区差异，建立统筹平衡的抚恤优待量化标准体系。

第五十条 退役军人依法参加养老、医疗、工伤、失业、生育等社会保险,并享受相应待遇。

退役军人服现役年限与入伍前、退役后参加职工基本养老保险、职工基本医疗保险、失业保险的缴费年限依法合并计算。

第五十一条 退役军人符合安置住房优待条件的,实行市场购买与军地集中统建相结合,由安置地人民政府统筹规划、科学实施。

第五十二条 军队医疗机构、公立医疗机构应当为退役军人就医提供优待服务,并对参战退役军人、残疾退役军人给予优惠。

第五十三条 退役军人凭退役军人优待证等有效证件享受公共交通、文化和旅游等优待,具体办法由省级人民政府制定。

第五十四条 县级以上人民政府加强优抚医院、光荣院建设,充分利用现有医疗和养老服务资源,收治或者集中供养孤老、生活不能自理的退役军人。

各类社会福利机构应当优先接收老年退役军人和残疾退役军人。

第五十五条　国家建立退役军人帮扶援助机制，在养老、医疗、住房等方面，对生活困难的退役军人按照国家有关规定给予帮扶援助。

第五十六条　残疾退役军人依法享受抚恤。

残疾退役军人按照残疾等级享受残疾抚恤金，标准由国务院退役军人工作主管部门会同国务院财政部门综合考虑国家经济社会发展水平、消费物价水平、全国城镇单位就业人员工资水平、国家财力情况等因素确定。残疾抚恤金由县级人民政府退役军人工作主管部门发放。

第七章　褒扬激励

第五十七条　国家建立退役军人荣誉激励机制，对在社会主义现代化建设中做出突出贡献的退役军人予以表彰、奖励。退役军人服现役期间获得表彰、奖励的，退役后按照国家有关规定享受相应待遇。

第五十八条 退役军人安置地人民政府在接收退役军人时，应当举行迎接仪式。迎接仪式由安置地人民政府退役军人工作主管部门负责实施。

第五十九条 地方人民政府应当为退役军人家庭悬挂光荣牌，定期开展走访慰问活动。

第六十条 国家、地方和军队举行重大庆典活动时，应当邀请退役军人代表参加。

被邀请的退役军人参加重大庆典活动时，可以穿着退役时的制式服装，佩戴服现役期间和退役后荣获的勋章、奖章、纪念章等徽章。

第六十一条 国家注重发挥退役军人在爱国主义教育和国防教育活动中的积极作用。机关、群团组织、企业事业单位和社会组织可以邀请退役军人协助开展爱国主义教育和国防教育。县级以上人民政府教育行政部门可以邀请退役军人参加学校国防教育培训，学校可以聘请退役军人参与学生军事训练。

第六十二条 县级以上人民政府退役军人工作主管部门应当加强对退役军人先进事迹的宣传，通过制作公益广告、创作主题文艺作品等方式，弘扬爱国主义精神、革命英雄主义精神和退役军人敬业奉献精神。

第六十三条 县级以上地方人民政府负责地方志工作的机构应当将本行政区域内下列退役军人的名录和事迹，编辑录入地方志：

（一）参战退役军人；

（二）荣获二等功以上奖励的退役军人；

（三）获得省部级或者战区级以上表彰的退役军人；

（四）其他符合条件的退役军人。

第六十四条 国家统筹规划烈士纪念设施建设，通过组织开展英雄烈士祭扫纪念活动等多种形式，弘扬英雄烈士精神。退役军人工作主管部门负责烈士纪念设施的修缮、保护和管理。

国家推进军人公墓建设。符合条件的退役军人去世后，可以安葬在军人公墓。

第八章 服务管理

第六十五条 国家加强退役军人服务机构建设,建立健全退役军人服务体系。县级以上人民政府设立退役军人服务中心,乡镇、街道、农村和城市社区设立退役军人服务站点,提升退役军人服务保障能力。

第六十六条 退役军人服务中心、服务站点等退役军人服务机构应当加强与退役军人联系沟通,做好退役军人就业创业扶持、优抚帮扶、走访慰问、权益维护等服务保障工作。

第六十七条 县级以上人民政府退役军人工作主管部门应当加强退役军人思想政治教育工作,及时掌握退役军人的思想情况和工作生活状况,指导接收安置单位和其他组织做好退役军人的思想政治工作和有关保障工作。

接收安置单位和其他组织应当结合退役军人工作和生活状况,做好退役军人思想政治工作和有关保障工作。

第六十八条 县级以上人民政府退役军人工作主管部门、接收安置单位和其他组织应当加强对退役军人的保密教育和管理。

第六十九条 县级以上人民政府退役军人工作主管部门应当通过广播、电视、报刊、网络等多种渠道宣传与退役军人相关的法律法规和政策制度。

第七十条 县级以上人民政府退役军人工作主管部门应当建立健全退役军人权益保障机制，畅通诉求表达渠道，为退役军人维护其合法权益提供支持和帮助。退役军人的合法权益受到侵害，应当依法解决。公共法律服务有关机构应当依法为退役军人提供法律援助等必要的帮助。

第七十一条 县级以上人民政府退役军人工作主管部门应当依法指导、督促有关部门和单位做好退役安置、教育培训、就业创业、抚恤优待、褒扬激励、拥军优属等工作，监督检查退役军人保障相关法律法规和政策措施落实情况，推进解决退役军人保障工作中存在的问题。

第七十二条 国家实行退役军人保障工作责任制和考核评价制度。县级以上人民政府应当将退役军人保障工作完成情况，纳入对本级人民政府负责退役军人有关工作的部门及其负责人、下级人民政府及其负责人的考核评价内容。

对退役军人保障政策落实不到位、工作推进不力的地区和单位，由省级以上人民政府退役军人工作主管部门会同有关部门约谈该地区人民政府主要负责人或者该单位主要负责人。

第七十三条 退役军人工作主管部门及其工作人员履行职责，应当自觉接受社会监督。

第七十四条 对退役军人保障工作中违反本法行为的检举、控告，有关机关和部门应当依法及时处理，并将处理结果告知检举人、控告人。

第九章　法　律　责　任

第七十五条　退役军人工作主管部门及其工作人员有下列行为之一的,由其上级主管部门责令改正,对直接负责的主管人员和其他直接责任人员依法给予处分:

(一) 未按照规定确定退役军人安置待遇的;

(二) 在退役军人安置工作中出具虚假文件的;

(三) 为不符合条件的人员发放退役军人优待证的;

(四) 挪用、截留、私分退役军人保障工作经费的;

(五) 违反规定确定抚恤优待对象、标准、数额或者给予退役军人相关待遇的;

(六) 在退役军人保障工作中利用职务之便为自己或者他人谋取私利的;

（七）在退役军人保障工作中失职渎职的；

（八）有其他违反法律法规行为的。

第七十六条 其他负责退役军人有关工作的部门及其工作人员违反本法有关规定的，由其上级主管部门责令改正，对直接负责的主管人员和其他直接责任人员依法给予处分。

第七十七条 违反本法规定，拒绝或者无故拖延执行退役军人安置任务的，由安置地人民政府退役军人工作主管部门责令限期改正；逾期不改正的，予以通报批评。对该单位主要负责人和直接责任人员，由有关部门依法给予处分。

第七十八条 退役军人弄虚作假骗取退役相关待遇的，由县级以上地方人民政府退役军人工作主管部门取消相关待遇，追缴非法所得，并由其所在单位或者有关部门依法给予处分。

第七十九条 退役军人违法犯罪的，由省级人民政府退役军人工作主管部门按照国家有关规定中止、降低或者取消其退役相关待遇，报国务院退役军人工作主管部门备案。

退役军人对省级人民政府退役军人工作主管部门作出的中止、降低或者取消其退役相关待遇的决定不服的,可以依法申请行政复议或者提起行政诉讼。

第八十条 违反本法规定,构成违反治安管理行为的,依法给予治安管理处罚;构成犯罪的,依法追究刑事责任。

第十章 附 则

第八十一条 中国人民武装警察部队依法退出现役的警官、警士和义务兵等人员,适用本法。

第八十二条 本法有关军官的规定适用于文职干部。

军队院校学员依法退出现役的,参照本法有关规定执行。

第八十三条 参试退役军人参照本法有关

参战退役军人的规定执行。

参战退役军人、参试退役军人的范围和认定标准、认定程序,由中央军事委员会有关部门会同国务院退役军人工作主管部门等部门规定。

第八十四条 军官离职休养和军级以上职务军官退休后,按照国务院和中央军事委员会的有关规定安置管理。

本法施行前已经按照自主择业方式安置的退役军人的待遇保障,按照国务院和中央军事委员会的有关规定执行。

第八十五条 本法自 2021 年 1 月 1 日起施行。

中华人民共和国兵役法

（1984年5月31日第六届全国人民代表大会第二次会议通过 根据1998年12月29日第九届全国人民代表大会常务委员会第六次会议《关于修改〈中华人民共和国兵役法〉的决定》第一次修正 根据2009年8月27日第十一届全国人民代表大会常务委员会第十次会议《关于修改部分法律的决定》第二次修正 根据2011年10月29日第十一届全国人民代表大会常务委员会第二十三次会议《关于修改〈中华人民共和国兵役法〉的决定》第三次修正 2021年8月20日第十三届全国人民代表大会常务委员会第三十次会议修订 2021年8月20日中华人民共和国主席令第95号公布 自2021年10月1日起施行）

目 录

第一章 总 则
第二章 兵役登记
第三章 平时征集
第四章 士兵的现役和预备役
第五章 军官的现役和预备役
第六章 军队院校从青年学生中招收的学员
第七章 战时兵员动员
第八章 服役待遇和抚恤优待
第九章 退役军人的安置
第十章 法律责任
第十一章 附 则

第一章 总 则

第一条 为了规范和加强国家兵役工作,保证公民依法服兵役,保障军队兵员补充和储备,建设巩固国防和强大军队,根据宪法,制定本法。

第二条 保卫祖国、抵抗侵略是中华人民共和国每一个公民的神圣职责。

第三条 中华人民共和国实行以志愿兵役为主体的志愿兵役与义务兵役相结合的兵役制度。

第四条 兵役工作坚持中国共产党的领导,贯彻习近平强军思想,贯彻新时代军事战略方针,坚持与国家经济社会发展相协调,坚持与国防和军队建设相适应,遵循服从国防需要、聚焦备战打仗、彰显服役光荣、体现权利和义务一致的原则。

第五条 中华人民共和国公民,不分民族、种族、职业、家庭出身、宗教信仰和教育程度,都有义务依照本法的规定服兵役。

有严重生理缺陷或者严重残疾不适合服兵役的公民,免服兵役。

依照法律被剥夺政治权利的公民,不得服

兵役。

第六条 兵役分为现役和预备役。在中国人民解放军服现役的称军人；预编到现役部队或者编入预备役部队服预备役的，称预备役人员。

第七条 军人和预备役人员，必须遵守宪法和法律，履行公民的义务，同时享有公民的权利；由于服兵役而产生的权利和义务，由本法和其他相关法律法规规定。

第八条 军人必须遵守军队的条令和条例，忠于职守，随时为保卫祖国而战斗。

预备役人员必须按照规定参加军事训练、担负战备勤务、执行非战争军事行动任务，随时准备应召参战，保卫祖国。

军人和预备役人员入役时应当依法进行服役宣誓。

第九条 全国的兵役工作，在国务院、中央军事委员会领导下，由国防部负责。

省军区（卫戍区、警备区）、军分区（警

备区）和县、自治县、不设区的市、市辖区的人民武装部，兼各该级人民政府的兵役机关，在上级军事机关和同级人民政府领导下，负责办理本行政区域的兵役工作。

机关、团体、企业事业组织和乡、民族乡、镇的人民政府，依照本法的规定完成兵役工作任务。兵役工作业务，在设有人民武装部的单位，由人民武装部办理；不设人民武装部的单位，确定一个部门办理。普通高等学校应当有负责兵役工作的机构。

第十条 县级以上地方人民政府兵役机关应当会同相关部门，加强对本行政区域内兵役工作的组织协调和监督检查。

县级以上地方人民政府和同级军事机关应当将兵役工作情况作为拥军优属、拥政爱民评比和有关单位及其负责人考核评价的内容。

第十一条 国家加强兵役工作信息化建设，采取有效措施实现有关部门之间信息共享，推进兵役信息收集、处理、传输、存储等技术的现代化，为提高兵役工作质量效益提供支持。

兵役工作有关部门及其工作人员应当对收集的个人信息严格保密，不得泄露或者向他人非法提供。

第十二条 国家采取措施，加强兵役宣传教育，增强公民依法服兵役意识，营造服役光荣的良好社会氛围。

第十三条 军人和预备役人员建立功勋的，按照国家和军队关于功勋荣誉表彰的规定予以褒奖。

组织和个人在兵役工作中作出突出贡献的，按照国家和军队有关规定予以表彰和奖励。

第二章 兵役登记

第十四条 国家实行兵役登记制度。兵役登记包括初次兵役登记和预备役登记。

第十五条 每年十二月三十一日以前年满十八周岁的男性公民，都应当按照兵役机关的安排在当年进行初次兵役登记。

机关、团体、企业事业组织和乡、民族乡、镇的人民政府，应当根据县、自治县、不设区的市、市辖区人民政府兵役机关的安排，负责组织本单位和本行政区域的适龄男性公民进行初次兵役登记。

初次兵役登记可以采取网络登记的方式进行，也可以到兵役登记站（点）现场登记。进行兵役登记，应当如实填写个人信息。

第十六条 经过初次兵役登记的未服现役的公民，符合预备役条件的，县、自治县、不设区的市、市辖区人民政府兵役机关可以根据需要，对其进行预备役登记。

第十七条 退出现役的士兵自退出现役之日起四十日内，退出现役的军官自确定安置地之日起三十日内，到安置地县、自治县、不设区的市、市辖区人民政府兵役机关进行兵役登记信息变更；其中，符合预备役条件，经部队确定需要办理预备役登记的，还应当办理预备役登记。

第十八条 县级以上地方人民政府兵役机关负责本行政区域兵役登记工作。

县、自治县、不设区的市、市辖区人民政府兵役机关每年组织兵役登记信息核验,会同有关部门对公民兵役登记情况进行查验,确保兵役登记及时,信息准确完整。

第三章 平时征集

第十九条 全国每年征集服现役的士兵的人数、次数、时间和要求,由国务院和中央军事委员会的命令规定。

县级以上地方各级人民政府组织兵役机关和有关部门组成征集工作机构,负责组织实施征集工作。

第二十条 年满十八周岁的男性公民,应当被征集服现役;当年未被征集的,在二十二周岁以前仍可以被征集服现役。普通高等学校毕业生的征集年龄可以放宽至二十四周岁，研究生的征集年龄可以放宽至二十六周岁。

根据军队需要，可以按照前款规定征集女性公民服现役。

根据军队需要和本人自愿，可以征集年满十七周岁未满十八周岁的公民服现役。

第二十一条 经初次兵役登记并初步审查符合征集条件的公民，称应征公民。

在征集期间，应征公民应当按照县、自治县、不设区的市、市辖区征集工作机构的通知，按时参加体格检查等征集活动。

应征公民符合服现役条件，并经县、自治县、不设区的市、市辖区征集工作机构批准的，被征集服现役。

第二十二条 在征集期间，应征公民被征集服现役，同时被机关、团体、企业事业组织招录或者聘用的，应当优先履行服兵役义务；有关机关、团体、企业事业组织应当服从国防和军队建设的需要，支持兵员征集工作。

第二十三条 应征公民是维持家庭生活唯一劳动力的,可以缓征。

第二十四条 应征公民因涉嫌犯罪正在被依法监察调查、侦查、起诉、审判或者被判处徒刑、拘役、管制正在服刑的,不征集。

第四章 士兵的现役和预备役

第二十五条 现役士兵包括义务兵役制士兵和志愿兵役制士兵,义务兵役制士兵称义务兵,志愿兵役制士兵称军士。

第二十六条 义务兵服现役的期限为二年。

第二十七条 义务兵服现役期满,根据军队需要和本人自愿,经批准可以选改为军士;服现役期间表现特别优秀的,经批准可以提前选改为军士。根据军队需要,可以直接从非军事部门具有专业技能的公民中招收军士。

军士实行分级服现役制度。军士服现役的期限一般不超过三十年,年龄不超过五十五周岁。

军士分级服现役的办法和直接从非军事部门招收军士的办法,按照国家和军队有关规定执行。

第二十八条 士兵服现役期满,应当退出现役。

士兵因国家建设或者军队编制调整需要退出现役的,经军队医院诊断证明本人健康状况不适合继续服现役的,或者因其他特殊原因需要退出现役的,经批准可以提前退出现役。

第二十九条 士兵服现役的时间自征集工作机构批准入伍之日起算。

士兵退出现役的时间为部队下达退出现役命令之日。

第三十条 依照本法第十七条规定经过预备役登记的退出现役的士兵,由部队会同兵役机关根据军队需要,遴选确定服士兵预备役;经过考核,适合担任预备役军官职务的,服军官预备役。

第三十一条 依照本法第十六条规定经过

预备役登记的公民,符合士兵预备役条件的,由部队会同兵役机关根据军队需要,遴选确定服士兵预备役。

第三十二条 预备役士兵服预备役的最高年龄,依照其他有关法律规定执行。

预备役士兵达到服预备役最高年龄的,退出预备役。

第五章 军官的现役和预备役

第三十三条 现役军官从下列人员中选拔、招收:

(一)军队院校毕业学员;

(二)普通高等学校应届毕业生;

(三)表现优秀的现役士兵;

(四)军队需要的专业技术人员和其他人员。

战时根据需要,可以从现役士兵、军队院校学员、征召的预备役军官和其他人员中直接任命军官。

第三十四条　预备役军官包括下列人员：

（一）确定服军官预备役的退出现役的军官；

（二）确定服军官预备役的退出现役的士兵；

（三）确定服军官预备役的专业技术人员和其他人员。

第三十五条　军官服现役和服预备役的最高年龄，依照其他有关法律规定执行。

第三十六条　现役军官按照规定服现役已满最高年龄或者衔级最高年限的，退出现役；需要延长服现役或者暂缓退出现役的，依照有关法律规定执行。

现役军官按照规定服现役未满最高年龄或者衔级最高年限，因特殊情况需要退出现役的，经批准可以退出现役。

第三十七条　依照本法第十七条规定经过预备役登记的退出现役的军官、依照本法第十六条规定经过预备役登记的公民，符合军官预备役条件的，由部队会同兵役机关根据军队需要，遴选确定服军官预备役。

预备役军官按照规定服预备役已满最高年龄的,退出预备役。

第六章 军队院校从青年学生中招收的学员

第三十八条 根据军队建设的需要,军队院校可以从青年学生中招收学员。招收学员的年龄,不受征集服现役年龄的限制。

第三十九条 学员完成学业达到军队培养目标的,由院校发给毕业证书;按照规定任命为现役军官或者军士。

第四十条 学员未达到军队培养目标或者不符合军队培养要求的,由院校按照国家和军队有关规定发给相应证书,并采取多种方式分流;其中,回入学前户口所在地的学员,就读期间其父母已办理户口迁移手续的,可以回父母现户口所在地,由县、自治县、不设区的市、市辖区的人民政府按照国家有关规定接收安置。

第四十一条 学员被开除学籍的,回入学前户口所在地;就读期间其父母已办理户口迁移手续的,可以回父母现户口所在地,由县、自治县、不设区的市、市辖区的人民政府按照国家有关规定办理。

第四十二条 军队院校从现役士兵中招收的学员,适用本法第三十九条、第四十条、第四十一条的规定。

第七章 战时兵员动员

第四十三条 为了应对国家主权、统一、领土完整、安全和发展利益遭受的威胁,抵抗侵略,各级人民政府、各级军事机关,在平时必须做好战时兵员动员的准备工作。

第四十四条 在国家发布动员令或者国务院、中央军事委员会依照《中华人民共和国国防动员法》采取必要的国防动员措施后,各级人民政府、各级军事机关必须依法迅速实施动员，军人停止退出现役，休假、探亲的军人立即归队，预备役人员随时准备应召服现役，经过预备役登记的公民做好服预备役被征召的准备。

第四十五条 战时根据需要，国务院和中央军事委员会可以决定适当放宽征召男性公民服现役的年龄上限，可以决定延长公民服现役的期限。

第四十六条 战争结束后，需要复员的军人，根据国务院和中央军事委员会的复员命令，分期分批地退出现役，由各级人民政府妥善安置。

第八章 服役待遇和抚恤优待

第四十七条 国家保障军人享有符合军事职业特点、与其履行职责相适应的工资、津贴、住房、医疗、保险、休假、疗养等待遇。军人的待遇应当与国民经济发展相协调，与社会进步相适应。

女军人的合法权益受法律保护。军队应当根据女军人的特点,合理安排女军人的工作任务和休息休假,在生育、健康等方面为女军人提供特别保护。

第四十八条 预备役人员参战、参加军事训练、担负战备勤务、执行非战争军事行动任务,享受国家规定的伙食、交通等补助。预备役人员是机关、团体、企业事业组织工作人员的,参战、参加军事训练、担负战备勤务、执行非战争军事行动任务期间,所在单位应当保持其原有的工资、奖金和福利待遇。预备役人员的其他待遇保障依照有关法律法规和国家有关规定执行。

第四十九条 军人按照国家有关规定,在医疗、金融、交通、参观游览、法律服务、文化体育设施服务、邮政服务等方面享受优待政策。公民入伍时保留户籍。

军人因战、因公、因病致残的,按照国家

规定评定残疾等级，发给残疾军人证，享受国家规定的待遇、优待和残疾抚恤金。因工作需要继续服现役的残疾军人，由所在部队按照规定发给残疾抚恤金。

军人牺牲、病故，国家按照规定发给其遗属抚恤金。

第五十条 国家建立义务兵家庭优待金制度。义务兵家庭优待金标准由地方人民政府制定，中央财政给予定额补助。具体补助办法由国务院退役军人工作主管部门、财政部门会同中央军事委员会机关有关部门制定。

义务兵和军士入伍前是机关、团体、事业单位或者国有企业工作人员的，退出现役后可以选择复职复工。

义务兵和军士入伍前依法取得的农村土地承包经营权，服现役期间应当保留。

第五十一条 现役军官和军士的子女教育、家属的随军、就业创业以及工作调动，享受国家和社会的优待。

符合条件的军人家属,其住房、医疗、养老按照有关规定享受优待。

军人配偶随军未就业期间,按照国家有关规定享受相应的保障待遇。

第五十二条 预备役人员因参战、参加军事训练、担负战备勤务、执行非战争军事行动任务致残、牺牲的,由当地人民政府依照有关规定给予抚恤优待。

第九章 退役军人的安置

第五十三条 对退出现役的义务兵,国家采取自主就业、安排工作、供养等方式妥善安置。

义务兵退出现役自主就业的,按照国家规定发给一次性退役金,由安置地的县级以上地方人民政府接收,根据当地的实际情况,可以发给经济补助。国家根据经济社会发展,适时调整退役金的标准。

服现役期间平时获得二等功以上荣誉或者战时获得三等功以上荣誉以及属于烈士子女的义务兵退出现役,由安置地的县级以上地方人民政府安排工作;待安排工作期间由当地人民政府按照国家有关规定发给生活补助费;根据本人自愿,也可以选择自主就业。

因战、因公、因病致残的义务兵退出现役,按照国家规定的评定残疾等级采取安排工作、供养等方式予以妥善安置;符合安排工作条件的,根据本人自愿,也可以选择自主就业。

第五十四条 对退出现役的军士,国家采取逐月领取退役金、自主就业、安排工作、退休、供养等方式妥善安置。

军士退出现役,服现役满规定年限的,采取逐月领取退役金方式予以妥善安置。

军士退出现役,服现役满十二年或者符合国家规定的其他条件的,由安置地的县级以上地方人民政府安排工作;待安排工作期间由当地人民政府按照国家有关规定发给生活补助费;

根据本人自愿，也可以选择自主就业。

军士服现役满三十年或者年满五十五周岁或者符合国家规定的其他条件的，作退休安置。

因战、因公、因病致残的军士退出现役，按照国家规定的评定残疾等级采取安排工作、退休、供养等方式予以妥善安置；符合安排工作条件的，根据本人自愿，也可以选择自主就业。

军士退出现役，不符合本条第二款至第五款规定条件的，依照本法第五十三条规定的自主就业方式予以妥善安置。

第五十五条　对退出现役的军官，国家采取退休、转业、逐月领取退役金、复员等方式妥善安置；其安置方式的适用条件，依照有关法律法规的规定执行。

第五十六条　残疾军人、患慢性病的军人退出现役后，由安置地的县级以上地方人民政府按照国务院、中央军事委员会的有关规定负责接收安置；其中，患过慢性病旧病复发需要治疗的,由当地医疗机构负责给予治疗,所需医疗和生活费用,本人经济困难的,按照国家规定给予补助。

第十章 法律责任

第五十七条 有服兵役义务的公民有下列行为之一的,由县级人民政府责令限期改正;逾期不改正的,由县级人民政府强制其履行兵役义务,并处以罚款:

(一)拒绝、逃避兵役登记的;

(二)应征公民拒绝、逃避征集服现役的;

(三)预备役人员拒绝、逃避参加军事训练、担负战备勤务、执行非战争军事行动任务和征召的。

有前款第二项行为,拒不改正的,不得录用为公务员或者参照《中华人民共和国公务员法》管理的工作人员,不得招录、聘用为国有企业和事业单位工作人员,两年内不准出境或者升学复学，纳入履行国防义务严重失信主体名单实施联合惩戒。

第五十八条 军人以逃避服兵役为目的，拒绝履行职责或者逃离部队的，按照中央军事委员会的规定给予处分。

军人有前款行为被军队除名、开除军籍或者被依法追究刑事责任的，依照本法第五十七条第二款的规定处罚；其中，被军队除名的，并处以罚款。

明知是逃离部队的军人而招录、聘用的，由县级人民政府责令改正，并处以罚款。

第五十九条 机关、团体、企业事业组织拒绝完成本法规定的兵役工作任务的，阻挠公民履行兵役义务的，或者有其他妨害兵役工作行为的，由县级以上地方人民政府责令改正，并可以处以罚款；对单位负有责任的领导人员、直接负责的主管人员和其他直接责任人员，依法予以处罚。

第六十条 扰乱兵役工作秩序，或者阻碍兵役工作人员依法执行职务的，依照《中华人民共和国治安管理处罚法》的规定处罚。

第六十一条　国家工作人员和军人在兵役工作中，有下列行为之一的，依法给予处分：

（一）贪污贿赂的；

（二）滥用职权或者玩忽职守的；

（三）徇私舞弊，接送不合格兵员的；

（四）泄露或者向他人非法提供兵役个人信息的。

第六十二条　违反本法规定，构成犯罪的，依法追究刑事责任。

第六十三条　本法第五十七条、第五十八条、第五十九条规定的处罚，由县级以上地方人民政府兵役机关会同有关部门查明事实，经同级地方人民政府作出处罚决定后，由县级以上地方人民政府兵役机关、发展改革、公安、退役军人工作、卫生健康、教育、人力资源和社会保障等部门按照职责分工具体执行。

第十一章 附 则

第六十四条 本法适用于中国人民武装警察部队。

第六十五条 本法自 2021 年 10 月 1 日起施行。

中华人民共和国军人地位和权益保障法

（2021年6月10日第十三届全国人民代表大会常务委员会第二十九次会议通过　2021年6月10日中华人民共和国主席令第86号公布　自2021年8月1日起施行）

目　　录

第一章　总　　则
第二章　军人地位
第三章　荣誉维护
第四章　待遇保障
第五章　抚恤优待
第六章　法律责任
第七章　附　　则

第一章 总　　则

第一条　为了保障军人地位和合法权益，激励军人履行职责使命，让军人成为全社会尊崇的职业，促进国防和军队现代化建设，根据宪法，制定本法。

第二条　本法所称军人，是指在中国人民解放军服现役的军官、军士、义务兵等人员。

第三条　军人肩负捍卫国家主权、安全、发展利益和保卫人民的和平劳动的神圣职责和崇高使命。

第四条　军人是全社会尊崇的职业。国家和社会尊重、优待军人，保障军人享有与其职业特点、担负职责使命和所做贡献相称的地位和权益，经常开展各种形式的拥军优属活动。

一切国家机关和武装力量、各政党和群团组织、企业事业单位、社会组织和其他组织都有依法保障军人地位和权益的责任，全体公民都应当依法维护军人合法权益。

第五条 军人地位和权益保障工作，坚持中国共产党的领导，以服务军队战斗力建设为根本目的，遵循权利与义务相统一、物质保障与精神激励相结合、保障水平与国民经济和社会发展相适应的原则。

第六条 中央军事委员会政治工作部门、国务院退役军人工作主管部门以及中央和国家有关机关、中央军事委员会有关部门按照职责分工做好军人地位和权益保障工作。

县级以上地方各级人民政府负责本行政区域内有关军人地位和权益保障工作。军队团级以上单位政治工作部门负责本单位的军人地位和权益保障工作。

省军区（卫戍区、警备区）、军分区（警备区）和县、自治县、市、市辖区的人民武装部，负责所在行政区域人民政府与军队单位之间军人地位和权益保障方面的联系协调工作，并根据需要建立工作协调机制。

乡镇人民政府、街道办事处、基层群众性自治组织应当按照职责做好军人地位和权益保障工作。

第七条 军人地位和权益保障所需经费，由中央和地方按照事权和支出责任相适应的原则列入预算。

第八条 中央和国家有关机关、县级以上地方人民政府及其有关部门、军队各级机关，应当将军人地位和权益保障工作情况作为拥军优属、拥政爱民等工作评比和有关单位负责人以及工作人员考核评价的重要内容。

第九条 国家鼓励和引导群团组织、企业事业单位、社会组织、个人等社会力量依法通过捐赠、志愿服务等方式为军人权益保障提供支持，符合规定条件的，依法享受税收优惠等政策。

第十条 每年8月1日为中国人民解放军建军节。各级人民政府和军队单位应当在建军节组织开展庆祝、纪念等活动。

第十一条 对在军人地位和权益保障工作中做出突出贡献的单位和个人,按照国家有关规定给予表彰、奖励。

第二章 军人地位

第十二条 军人是中国共产党领导的国家武装力量基本成员,必须忠于祖国,忠于中国共产党,听党指挥,坚决服从命令,认真履行巩固中国共产党的领导和社会主义制度的重要职责使命。

第十三条 军人是人民子弟兵,应当热爱人民,全心全意为人民服务,保卫人民生命财产安全,当遇到人民群众生命财产受到严重威胁时,挺身而出、积极救助。

第十四条 军人是捍卫国家主权、统一、领土完整的坚强力量,应当具备巩固国防、抵抗侵略、保卫祖国所需的战斗精神和能力素质,按照实战要求始终保持戒备状态,苦练杀敌本领,不怕牺牲,能打胜仗,坚决完成任务。

第十五条 军人是中国特色社会主义现代化建设的重要力量,应当积极投身全面建设社会主义现代化国家的事业,依法参加突发事件的应急救援和处置工作。

第十六条 军人享有宪法和法律规定的政治权利,依法参加国家权力机关组成人员选举,依法参加管理国家事务、管理经济和文化事业、管理社会事务。

第十七条 军队实行官兵一致,军人之间在政治和人格上一律平等,应当互相尊重、平等对待。

军队建立健全军人代表会议、军人委员会等民主制度,保障军人知情权、参与权、建议权和监督权。

第十八条 军人必须模范遵守宪法和法律,认真履行宪法和法律规定的公民义务,严格遵守军事法规、军队纪律,作风优良,带头践行社会主义核心价值观。

第十九条 国家为军人履行职责提供保障，军人依法履行职责的行为受法律保护。

军人因执行任务给公民、法人或者其他组织的合法权益造成损害的，按照有关规定由国家予以赔偿或者补偿。

公民、法人和其他组织应当为军人依法履行职责提供必要的支持和协助。

第二十条 军人因履行职责享有的特定权益、承担的特定义务，由本法和有关法律法规规定。

第三章 荣誉维护

第二十一条 军人荣誉是国家、社会对军人献身国防和军队建设、社会主义现代化建设的褒扬和激励，是鼓舞军人士气、提升军队战斗力的精神力量。

国家维护军人荣誉，激励军人崇尚和珍惜荣誉。

第二十二条 军队加强爱国主义、集体主义、革命英雄主义教育，强化军人的荣誉意识，培育有灵魂、有本事、有血性、有品德的新时代革命军人，锻造具有铁一般信仰、铁一般信念、铁一般纪律、铁一般担当的过硬部队。

第二十三条 国家采取多种形式的宣传教育、奖励激励和保障措施，培育军人的职业使命感、自豪感和荣誉感，激发军人建功立业、报效国家的积极性、主动性、创造性。

第二十四条 全社会应当学习中国人民解放军光荣历史，宣传军人功绩和牺牲奉献精神，营造维护军人荣誉的良好氛围。

各级各类学校设置的国防教育课程中，应当包括中国人民解放军光荣历史、军人英雄模范事迹等内容。

第二十五条 国家建立健全军人荣誉体系，通过授予勋章、荣誉称号和记功、嘉奖、表彰、颁发纪念章等方式，对做出突出成绩和贡献的军人给予功勋荣誉表彰，褒扬军人为国家和人民做出的奉献和牺牲。

第二十六条 军人经军队单位批准可以接受地方人民政府、群团组织和社会组织等授予的荣誉，以及国际组织和其他国家、军队等授予的荣誉。

第二十七条 获得功勋荣誉表彰的军人享受相应礼遇和待遇。军人执行作战任务获得功勋荣誉表彰的，按照高于平时的原则享受礼遇和待遇。

获得功勋荣誉表彰和执行作战任务的军人的姓名和功绩，按照规定载入功勋簿、荣誉册、地方志等史志。

第二十八条 中央和国家有关机关、地方和军队各级有关机关，以及广播、电视、报刊、互联网等媒体，应当积极宣传军人的先进典型和英勇事迹。

第二十九条 国家和社会尊崇、铭记为国家、人民、民族牺牲的军人，尊敬、礼遇其遗属。

国家建立英雄烈士纪念设施供公众瞻仰，悼念缅怀英雄烈士，开展纪念和教育活动。

国家推进军人公墓建设。军人去世后，符合规定条件的可以安葬在军人公墓。

第三十条 国家建立军人礼遇仪式制度。在公民入伍、军人退出现役等时机，应当举行相应仪式；在烈士和因公牺牲军人安葬等场合，应当举行悼念仪式。

各级人民政府应当在重大节日和纪念日组织开展走访慰问军队单位、军人家庭和烈士、因公牺牲军人、病故军人的遗属等活动，在举行重要庆典、纪念活动时邀请军人、军人家属和烈士、因公牺牲军人、病故军人的遗属代表参加。

第三十一条 地方人民政府应当为军人和烈士、因公牺牲军人、病故军人的遗属的家庭悬挂光荣牌。军人获得功勋荣誉表彰，由当地人民政府有关部门和军事机关给其家庭送喜报，并组织做好宣传工作。

第三十二条 军人的荣誉和名誉受法律保护。

军人获得的荣誉由其终身享有,非因法定事由、非经法定程序不得撤销。

任何组织和个人不得以任何方式诋毁、贬损军人的荣誉,侮辱、诽谤军人的名誉,不得故意毁损、玷污军人的荣誉标识。

第四章 待遇保障

第三十三条 国家建立军人待遇保障制度,保证军人履行职责使命,保障军人及其家庭的生活水平。

对执行作战任务和重大非战争军事行动任务的军人,以及在艰苦边远地区、特殊岗位工作的军人,待遇保障从优。

第三十四条 国家建立相对独立、特色鲜明、具有比较优势的军人工资待遇制度。军官和军士实行工资制度,义务兵实行供给制生活待遇制度。军人享受个人所得税优惠政策。

国家建立军人工资待遇正常增长机制。

军人工资待遇的结构、标准及其调整办法，由中央军事委员会规定。

第三十五条 国家采取军队保障、政府保障与市场配置相结合，实物保障与货币补贴相结合的方式，保障军人住房待遇。

军人符合规定条件的，享受军队公寓住房或者安置住房保障。

国家建立健全军人住房公积金制度和住房补贴制度。军人符合规定条件购买住房的，国家给予优惠政策支持。

第三十六条 国家保障军人按照规定享受免费医疗和疾病预防、疗养、康复等待遇。

军人在地方医疗机构就医所需费用，符合规定条件的，由军队保障。

第三十七条 国家实行体现军人职业特点、与社会保险制度相衔接的军人保险制度，适时补充军人保险项目，保障军人的保险待遇。

国家鼓励和支持商业保险机构为军人及其家庭成员提供专属保险产品。

第三十八条 军人享有年休假、探亲假等休息休假的权利。对确因工作需要未休假或者未休满假的，给予经济补偿。

军人配偶、子女与军人两地分居的，可以前往军人所在部队探亲。军人配偶前往部队探亲的，其所在单位应当按照规定安排假期并保障相应的薪酬待遇，不得因其享受探亲假期而辞退、解聘或者解除劳动关系。符合规定条件的军人配偶、未成年子女和不能独立生活的成年子女的探亲路费，由军人所在部队保障。

第三十九条 国家建立健全军人教育培训体系，保障军人的受教育权利，组织和支持军人参加专业和文化学习培训，提高军人履行职责的能力和退出现役后的就业创业能力。

第四十条 女军人的合法权益受法律保护。军队应当根据女军人的特点，合理安排女军人的工作任务和休息休假，在生育、健康等方面为女军人提供特别保护。

第四十一条 国家对军人的婚姻给予特别保护，禁止任何破坏军人婚姻的行为。

第四十二条 军官和符合规定条件的军士，其配偶、未成年子女和不能独立生活的成年子女可以办理随军落户；符合规定条件的军人父母可以按照规定办理随子女落户。夫妻双方均为军人的，其子女可以选择父母中的一方随军落户。

军人服现役所在地发生变动的，已随军的家属可以随迁落户，或者选择将户口迁至军人、军人配偶原户籍所在地或者军人父母、军人配偶父母户籍所在地。

地方人民政府有关部门、军队有关单位应当及时高效地为军人家属随军落户办理相关手续。

第四十三条 国家保障军人、军人家属的户籍管理和相关权益。

公民入伍时保留户籍。

符合规定条件的军人，可以享受服现役所在地户籍人口在教育、养老、医疗、住房保障等方面的相关权益。

军人户籍管理和相关权益保障办法，由国务院和中央军事委员会规定。

第四十四条 国家对依法退出现役的军人，依照退役军人保障法律法规的有关规定，给予妥善安置和相应优待保障。

第五章 抚恤优待

第四十五条 国家和社会尊重军人、军人家庭为国防和军队建设做出的奉献和牺牲，优待军人、军人家属，抚恤优待烈士、因公牺牲军人、病故军人的遗属，保障残疾军人的生活。

国家建立抚恤优待保障体系，合理确定抚恤优待标准，逐步提高抚恤优待水平。

第四十六条 军人家属凭有关部门制发的证件享受法律法规规定的优待保障。具体办法由国务院和中央军事委员会有关部门制定。

第四十七条 各级人民政府应当保障抚恤优待对象享受公民普惠待遇，同时享受相应的抚恤优待待遇。

第四十八条 国家实行军人死亡抚恤制度。

军人死亡后被评定为烈士的，国家向烈士遗属颁发烈士证书，保障烈士遗属享受规定的烈士褒扬金、抚恤金和其他待遇。

军人因公牺牲、病故的，国家向其遗属颁发证书，保障其遗属享受规定的抚恤金和其他待遇。

第四十九条 国家实行军人残疾抚恤制度。

军人因战、因公、因病致残的，按照国家有关规定评定残疾等级并颁发证件，享受残疾抚恤金和其他待遇，符合规定条件的以安排工作、供养、退休等方式妥善安置。

第五十条 国家对军人家属和烈士、因公牺牲军人、病故军人的遗属予以住房优待。

军人家属和烈士、因公牺牲军人、病故军

人的遗属，符合规定条件申请保障性住房的，或者居住农村且住房困难的，由当地人民政府优先解决。

烈士、因公牺牲军人、病故军人的遗属符合前款规定情形的，当地人民政府给予优惠。

第五十一条 公立医疗机构应当为军人就医提供优待服务。军人家属和烈士、因公牺牲军人、病故军人的遗属，在军队医疗机构和公立医疗机构就医享受医疗优待。

国家鼓励民营医疗机构为军人、军人家属和烈士、因公牺牲军人、病故军人的遗属就医提供优待服务。

国家和社会对残疾军人的医疗依法给予特别保障。

第五十二条 国家依法保障军人配偶就业安置权益。机关、群团组织、企业事业单位、社会组织和其他组织，应当依法履行接收军人配偶就业安置的义务。

军人配偶随军前在机关或者事业单位工作

的，由安置地人民政府按照有关规定安排到相应的工作单位；在其他单位工作或者无工作单位的，由安置地人民政府提供就业指导和就业培训，优先协助就业。烈士、因公牺牲军人的遗属和符合规定条件的军人配偶，当地人民政府应当优先安排就业。

第五十三条　国家鼓励有用工需求的用人单位优先安排随军家属就业。国有企业在新招录职工时，应当按照用工需求的适当比例聘用随军家属；有条件的民营企业在新招录职工时，可以按照用工需求的适当比例聘用随军家属。

第五十四条　国家鼓励和扶持军人配偶自主就业、自主创业。军人配偶从事个体经营的，按照国家有关优惠政策给予支持。

第五十五条　国家对军人子女予以教育优待。地方各级人民政府及其有关部门应当为军人子女提供当地优质教育资源，创造接受良好教育的条件。

军人子女入读公办义务教育阶段学校和普

惠性幼儿园，可以在本人、父母、祖父母、外祖父母或者其他法定监护人户籍所在地，或者父母居住地、部队驻地入学，享受当地军人子女教育优待政策。

军人子女报考普通高中、中等职业学校，同等条件下优先录取；烈士、因公牺牲军人的子女和符合规定条件的军人子女，按照当地军人子女教育优待政策享受录取等方面的优待。

因公牺牲军人的子女和符合规定条件的军人子女报考高等学校，按照国家有关规定优先录取；烈士子女享受加分等优待。

烈士子女和符合规定条件的军人子女按照规定享受奖学金、助学金和有关费用免除等学生资助政策。

国家鼓励和扶持具备条件的民办学校，为军人子女和烈士、因公牺牲军人的子女提供教育优待。

第五十六条 军人家属和烈士、因公牺牲军人、病故军人的遗属，符合规定条件申请在国家兴办的光荣院、优抚医院集中供养、住院治疗、短期疗养的，享受优先、优惠待遇；申请到公办养老机构养老的，同等条件下优先安排。

第五十七条　军人、军人家属和烈士、因公牺牲军人、病故军人的遗属，享受参观游览公园、博物馆、纪念馆、展览馆、名胜古迹以及文化和旅游等方面的优先、优惠服务。

军人免费乘坐市内公共汽车、电车、轮渡和轨道交通工具。军人和烈士、因公牺牲军人、病故军人的遗属，以及与其随同出行的家属，乘坐境内运行的火车、轮船、长途公共汽车以及民航班机享受优先购票、优先乘车（船、机）等服务，残疾军人享受票价优惠。

第五十八条　地方人民政府和军队单位对因自然灾害、意外事故、重大疾病等原因，基本生活出现严重困难的军人家庭，应当给予救助和慰问。

第五十九条　地方人民政府和军队单位对在未成年子女入学入托、老年人养老等方面遇到困难的军人家庭,应当给予必要的帮扶。

国家鼓励和支持企业事业单位、社会组织和其他组织以及个人为困难军人家庭提供援助服务。

第六十条 军人、军人家属和烈士、因公牺牲军人、病故军人遗属的合法权益受到侵害的,有权向有关国家机关和军队单位提出申诉、控告。负责受理的国家机关和军队单位,应当依法及时处理,不得推诿、拖延。依法向人民法院提起诉讼的,人民法院应当优先立案、审理和执行,人民检察院可以支持起诉。

第六十一条 军人、军人家属和烈士、因公牺牲军人、病故军人的遗属维护合法权益遇到困难的,法律援助机构应当依法优先提供法律援助,司法机关应当依法优先提供司法救助。

第六十二条 侵害军人荣誉、名誉和其他相关合法权益,严重影响军人有效履行职责使命,致使社会公共利益受到损害的,人民检察院可以根据民事诉讼法、行政诉讼法的相关规定提起公益诉讼。

第六章　法律责任

第六十三条　国家机关及其工作人员、军队单位及其工作人员违反本法规定,在军人地位和权益保障工作中滥用职权、玩忽职守、徇私舞弊的,由其所在单位、主管部门或者上级机关责令改正;对负有责任的领导人员和直接责任人员,依法给予处分。

第六十四条　群团组织、企业事业单位、社会组织和其他组织违反本法规定,不履行优待义务的,由有关部门责令改正;对直接负责的主管人员和其他直接责任人员,依法给予处分。

第六十五条　违反本法规定,通过大众传播媒介或者其他方式,诋毁、贬损军人荣誉,侮辱、诽谤军人名誉,或者故意毁损、玷污军人的荣誉标识的，由公安、文化和旅游、新闻出版、电影、广播电视、网信或者其他有关主管部门依据各自的职权责令改正，并依法予以处理；造成精神损害的，受害人有权请求精神损害赔偿。

第六十六条　冒领或者以欺诈、伪造证明材料等手段骗取本法规定的相关荣誉、待遇或者抚恤优待的，由有关部门予以取消，依法给予没收违法所得等行政处罚。

第六十七条　违反本法规定，侵害军人的合法权益，造成财产损失或者其他损害的，依法承担民事责任。

违反本法规定，构成违反治安管理行为的，依法给予治安管理处罚；构成犯罪的，依法追究刑事责任。

第七章　附　　则

第六十八条　本法所称军人家属，是指军

人的配偶、父母（扶养人）、未成年子女、不能独立生活的成年子女。

本法所称烈士、因公牺牲军人、病故军人的遗属，是指烈士、因公牺牲军人、病故军人的配偶、父母（扶养人）、子女，以及由其承担抚养义务的兄弟姐妹。

第六十九条 中国人民武装警察部队服现役的警官、警士和义务兵等人员，适用本法。

第七十条 省、自治区、直辖市可以结合本地实际情况，根据本法制定保障军人地位和权益的具体办法。

第七十一条 本法自 2021 年 8 月 1 日起施行。

中华人民共和国军人保险法

（2012年4月27日第十一届全国人民代表大会常务委员会第二十六次会议通过　2012年4月27日中华人民共和国主席令第56号公布　自2012年7月1日起施行）

目　　录

第一章　总　　则
第二章　军人伤亡保险
第三章　退役养老保险
第四章　退役医疗保险
第五章　随军未就业的军人配偶保险
第六章　军人保险基金
第七章　保险经办与监督
第八章　法律责任
第九章　附　　则

第一章　总　　则

第一条　为了规范军人保险关系，维护军人合法权益，促进国防和军队建设，制定本法。

第二条　国家建立军人保险制度。

军人伤亡保险、退役养老保险、退役医疗保险和随军未就业的军人配偶保险的建立、缴费和转移接续等适用本法。

第三条　军人保险制度应当体现军人职业特点，与社会保险制度相衔接，与经济社会发展水平相适应。

国家根据社会保险制度的发展，适时补充完善军人保险制度。

第四条　国家促进军人保险事业的发展，为军人保险提供财政拨款和政策支持。

第五条　中国人民解放军军人保险主管部门负责全军的军人保险工作。国务院社会保险行政部门、财政部门和军队其他有关部门在各自职责范围内负责有关的军人保险工作。

军队后勤（联勤）机关财务部门负责承办军人保险登记、个人权益记录、军人保险待遇支付等工作。

军队后勤（联勤）机关财务部门和地方社会保险经办机构，按照各自职责办理军人保险与社会保险关系转移接续手续。

第六条 军人依法参加军人保险并享受相应的保险待遇。

军人有权查询、核对个人缴费记录和个人权益记录，要求军队后勤（联勤）机关财务部门和地方社会保险经办机构依法办理养老、医疗等保险关系转移接续手续，提供军人保险和社会保险咨询等相关服务。

第二章 军人伤亡保险

第七条 军人因战、因公死亡的，按照认定的死亡性质和相应的保险金标准，给付军人死亡保险金。

第八条 军人因战、因公、因病致残的，按照评定的残疾等级和相应的保险金标准，给付军人残疾保险金。

第九条 军人死亡和残疾的性质认定、残疾等级评定和相应的保险金标准，按照国家和军队有关规定执行。

第十条 军人因下列情形之一死亡或者致残的，不享受军人伤亡保险待遇：

（一）故意犯罪的；

（二）醉酒或者吸毒的；

（三）自残或者自杀的；

（四）法律、行政法规和军事法规规定的其他情形。

第十一条 已经评定残疾等级的因战、因公致残的军人退出现役参加工作后旧伤复发的，依法享受相应的工伤待遇。

第十二条 军人伤亡保险所需资金由国家承担，个人不缴纳保险费。

第三章　退役养老保险

第十三条　军人退出现役参加基本养老保险的，国家给予退役养老保险补助。

第十四条　军人退役养老保险补助标准，由中国人民解放军总后勤部会同国务院有关部门，按照国家规定的基本养老保险缴费标准、军人工资水平等因素拟订，报国务院、中央军事委员会批准。

第十五条　军人入伍前已经参加基本养老保险的，由地方社会保险经办机构和军队后勤（联勤）机关财务部门办理基本养老保险关系转移接续手续。

第十六条　军人退出现役后参加职工基本养老保险的，由军队后勤（联勤）机关财务部门将军人退役养老保险关系和相应资金转入地方社会保险经办机构，地方社会保险经办机构办理相应的转移接续手续。

军人服现役年限与入伍前和退出现役后参加职工基本养老保险的缴费年限合并计算。

第十七条 军人退出现役后参加新型农村社会养老保险或者城镇居民社会养老保险的,按照国家有关规定办理转移接续手续。

第十八条 军人退出现役到公务员岗位或者参照公务员法管理的工作人员岗位的,以及现役军官、文职干部退出现役自主择业的,其养老保险办法按照国家有关规定执行。

第十九条 军人退出现役采取退休方式安置的,其养老办法按照国务院和中央军事委员会的有关规定执行。

第四章 退役医疗保险

第二十条 参加军人退役医疗保险的军官、文职干部和士官应当缴纳军人退役医疗保险费,国家按照个人缴纳的军人退役医疗保险费的同等数额给予补助。

义务兵和供给制学员不缴纳军人退役医疗保险费，国家按照规定的标准给予军人退役医疗保险补助。

第二十一条 军人退役医疗保险个人缴费标准和国家补助标准，由中国人民解放军总后勤部会同国务院有关部门，按照国家规定的缴费比例、军人工资水平等因素确定。

第二十二条 军人入伍前已经参加基本医疗保险的，由地方社会保险经办机构和军队后勤（联勤）机关财务部门办理基本医疗保险关系转移接续手续。

第二十三条 军人退出现役后参加职工基本医疗保险的，由军队后勤（联勤）机关财务部门将军人退役医疗保险关系和相应资金转入地方社会保险经办机构，地方社会保险经办机构办理相应的转移接续手续。

军人服现役年限视同职工基本医疗保险缴费年限，与入伍前和退出现役后参加职工基本医疗保险的缴费年限合并计算。

第二十四条 军人退出现役后参加新型农村合作医疗或者城镇居民基本医疗保险的,按照国家有关规定办理。

第五章 随军未就业的军人配偶保险

第二十五条 国家为随军未就业的军人配偶建立养老保险、医疗保险等。随军未就业的军人配偶参加保险,应当缴纳养老保险费和医疗保险费,国家给予相应的补助。

随军未就业的军人配偶保险个人缴费标准和国家补助标准,按照国家有关规定执行。

第二十六条 随军未就业的军人配偶随军前已经参加社会保险的,由地方社会保险经办机构和军队后勤(联勤)机关财务部门办理保险关系转移接续手续。

第二十七条 随军未就业的军人配偶实现就业或者军人退出现役时,由军队后勤(联勤)机关财务部门将其养老保险、医疗保险关系和相应资金转入地方社会保险经办机构,地方社会保险经办机构办理相应的转移接续手续。

军人配偶在随军未就业期间的养老保险、医疗保险缴费年限与其在地方参加职工基本养老保险、职工基本医疗保险的缴费年限合并计算。

第二十八条 随军未就业的军人配偶达到国家规定的退休年龄时,按照国家有关规定确定退休地,由军队后勤(联勤)机关财务部门将其养老保险关系和相应资金转入退休地社会保险经办机构,享受相应的基本养老保险待遇。

第二十九条 地方人民政府和有关部门应当为随军未就业的军人配偶提供就业指导、培训等方面的服务。

随军未就业的军人配偶无正当理由拒不接受当地人民政府就业安置,或者无正当理由拒不接受当地人民政府指定部门、机构介绍的适当工作、提供的就业培训的,停止给予保险缴费补助。

第六章　军人保险基金

第三十条　军人保险基金包括军人伤亡保险基金、军人退役养老保险基金、军人退役医疗保险基金和随军未就业的军人配偶保险基金。各项军人保险基金按照军人保险险种分别建账，分账核算，执行军队的会计制度。

第三十一条　军人保险基金由个人缴费、中央财政负担的军人保险资金以及利息收入等资金构成。

第三十二条　军人应当缴纳的保险费，由其所在单位代扣代缴。

随军未就业的军人配偶应当缴纳的保险费，由军人所在单位代扣代缴。

第三十三条　中央财政负担的军人保险资金，由国务院财政部门纳入年度国防费预算。

第三十四条　军人保险基金按照国家和军队的预算管理制度，实行预算、决算管理。

第三十五条　军人保险基金实行专户存储,具体管理办法按照国家和军队有关规定执行。

第三十六条　军人保险基金由中国人民解放军总后勤部军人保险基金管理机构集中管理。

军人保险基金管理机构应当严格管理军人保险基金,保证基金安全。

第三十七条　军人保险基金应当专款专用,按照规定的项目、范围和标准支出,任何单位和个人不得贪污、侵占、挪用,不得变更支出项目、扩大支出范围或者改变支出标准。

第七章　保险经办与监督

第三十八条　军队后勤（联勤）机关财务部门和地方社会保险经办机构应当建立健全军人保险经办管理制度。

军队后勤（联勤）机关财务部门应当按时足额支付军人保险金。

军队后勤（联勤）机关财务部门和地方社

会保险经办机构应当及时办理军人保险和社会保险关系转移接续手续。

第三十九条 军队后勤（联勤）机关财务部门应当为军人及随军未就业的军人配偶建立保险档案，及时、完整、准确地记录其个人缴费和国家补助，以及享受军人保险待遇等个人权益记录，并定期将个人权益记录单送达本人。

军队后勤（联勤）机关财务部门和地方社会保险经办机构应当为军人及随军未就业的军人配偶提供军人保险和社会保险咨询等相关服务。

第四十条 军人保险信息系统由中国人民解放军总后勤部负责统一建设。

第四十一条 中国人民解放军总后勤部财务部门和中国人民解放军审计机关按照各自职责，对军人保险基金的收支和管理情况实施监督。

第四十二条 军队后勤（联勤）机关、地方社会保险行政部门，应当对单位和个人遵守本法的情况进行监督检查。

军队后勤（联勤）机关、地方社会保险行

政部门实施监督检查时,被检查单位和个人应当如实提供与军人保险有关的资料,不得拒绝检查或者谎报、瞒报。

第四十三条 军队后勤(联勤)机关财务部门和地方社会保险经办机构及其工作人员,应当依法为军队单位和军人的信息保密,不得以任何形式泄露。

第四十四条 任何单位或者个人有权对违反本法规定的行为进行举报、投诉。

军队和地方有关部门、机构对属于职责范围内的举报、投诉,应当依法处理;对不属于本部门、本机构职责范围的,应当书面通知并移交有权处理的部门、机构处理。有权处理的部门、机构应当及时处理,不得推诿。

第八章　法　律　责　任

第四十五条 军队后勤(联勤)机关财务部门、社会保险经办机构,有下列情形之一的,由军队后勤（联勤）机关或者社会保险行政部门责令改正；对直接负责的主管人员和其他直接责任人员依法给予处分；造成损失的，依法承担赔偿责任：

（一）不按照规定建立、转移接续军人保险关系的；

（二）不按照规定收缴、上缴个人缴纳的保险费的；

（三）不按照规定给付军人保险金的；

（四）篡改或者丢失个人缴费记录等军人保险档案资料的；

（五）泄露军队单位和军人的信息的；

（六）违反规定划拨、存储军人保险基金的；

（七）有违反法律、法规损害军人保险权益的其他行为的。

第四十六条 贪污、侵占、挪用军人保险基金的，由军队后勤（联勤）机关责令限期退回，对直接负责的主管人员和其他直接责任人员依法给予处分。

第四十七条 以欺诈、伪造证明材料等手段骗取军人保险待遇的,由军队后勤(联勤)机关和社会保险行政部门责令限期退回,并依法给予处分。

第四十八条 违反本法规定,构成犯罪的,依法追究刑事责任。

第九章 附 则

第四十九条 军人退出现役后参加失业保险的,其服现役年限视同失业保险缴费年限,与入伍前和退出现役后参加失业保险的缴费年限合并计算。

第五十条 本法关于军人保险权益和义务的规定,适用于人民武装警察;中国人民武装警察部队保险基金管理,按照中国人民武装警察部队资金管理体制执行。

第五十一条 本法自2012年7月1日起施行。

退役军人安置条例

(2024年7月29日中华人民共和国国务院、中华人民共和国中央军事委员会令第787号公布 自2024年9月1日起施行)

第一章 总 则

第一条 为了规范退役军人安置工作,妥善安置退役军人,维护退役军人合法权益,让军人成为全社会尊崇的职业,根据《中华人民共和国退役军人保障法》、《中华人民共和国兵役法》、《中华人民共和国军人地位和权益保障法》,制定本条例。

第二条 本条例所称退役军人,是指从中国人民解放军依法退出现役的军官、军士和义务兵等人员。

第三条 退役军人为国防和军队建设做出了重要贡献,是社会主义现代化建设的重要力量。

国家关心、优待退役军人,保障退役军人依法享有相应的权益。

全社会应当尊重、优待退役军人,支持退役军人安置工作。

第四条 退役军人安置工作坚持中国共产党的领导,坚持为经济社会发展服务、为国防和军队建设服务的方针,贯彻妥善安置、合理使用、人尽其才、各得其所的原则。

退役军人安置工作应当公开、公平、公正,军地协同推进。

第五条 对退役的军官,国家采取退休、转业、逐月领取退役金、复员等方式妥善安置。

对退役的军士,国家采取逐月领取退役金、自主就业、安排工作、退休、供养等方式妥善安置。

对退役的义务兵,国家采取自主就业、安

排工作、供养等方式妥善安置。

对参战退役军人,担任作战部队师、旅、团、营级单位主官的转业军官,属于烈士子女、功臣模范的退役军人,以及长期在艰苦边远地区或者飞行、舰艇、涉核等特殊岗位服现役的退役军人,依法优先安置。

第六条 中央退役军人事务工作领导机构负责退役军人安置工作顶层设计、统筹协调、整体推进、督促落实。地方各级退役军人事务工作领导机构负责本地区退役军人安置工作的组织领导和统筹实施。

第七条 国务院退役军人工作主管部门负责全国的退役军人安置工作。中央军事委员会政治工作部门负责组织指导全军军人退役工作。中央和国家有关机关、中央军事委员会机关有关部门应当在各自职责范围内做好退役军人安置工作。

县级以上地方人民政府退役军人工作主管部门负责本行政区域的退役军人安置工作。军队团级以上单位政治工作部门（含履行政治工作职责的部门，下同）负责本单位军人退役工作。地方各级有关机关应当在各自职责范围内做好退役军人安置工作。

省军区（卫戍区、警备区）负责全军到所在省、自治区、直辖市以转业、逐月领取退役金、复员方式安置的退役军官和逐月领取退役金的退役军士移交工作，配合安置地做好安置工作；配合做好退休军官、军士以及以安排工作、供养方式安置的退役军士和义务兵移交工作。

第八条　退役军人安置所需经费，按照中央与地方财政事权和支出责任划分原则，列入中央和地方预算，并根据经济社会发展水平适时调整。

第九条　机关、群团组织、企业事业单位和社会组织应当依法接收安置退役军人，退役军人应当接受安置。

退役军人应当模范遵守宪法和法律法规，保守军事秘密，保持发扬人民军队光荣传统和优良作风，积极投身全面建设社会主义现代化国家的事业。

第十条 县级以上地方人民政府应当把退役军人安置工作纳入年度重点工作计划，纳入目标管理，建立健全安置工作责任制和考核评价制度，将安置工作完成情况纳入对本级人民政府负责退役军人有关工作的部门及其负责人、下级人民政府及其负责人的考核评价内容，作为双拥模范城（县）考评重要内容。

第十一条 对在退役军人安置工作中做出突出贡献的单位和个人，按照国家有关规定给予表彰、奖励。

第二章 退役军官安置方式

第十二条 军官退出现役，符合规定条件的，可以作退休、转业或者逐月领取退役金安置。

军官退出现役，有规定情形的，作复员安置。

第十三条 对退休军官，安置地人民政府应当按照国家保障与社会化服务相结合的方式，做好服务管理工作，保障其待遇。

第十四条 安置地人民政府根据工作需要设置、调整退休军官服务管理机构，服务管理退休军官。

第十五条 转业军官由机关、群团组织、事业单位和国有企业接收安置。

安置地人民政府应当根据转业军官德才条件以及服现役期间的职务、等级、所作贡献、专长等和工作需要，结合实际统筹采取考核选调、赋分选岗、考试考核、双向选择、直通安置、指令性分配等办法，妥善安排其工作岗位，确定相应的职务职级。

第十六条 退役军官逐月领取退役金的具体办法由国务院退役军人工作主管部门会同有关部门制定。

第十七条 复员军官按照国务院退役军人工作主管部门、中央军事委员会政治工作部门制定的有关规定享受复员费以及其他待遇等。

第三章 退役军士和义务兵安置方式

第一节 逐月领取退役金

第十八条 军士退出现役,符合规定条件的,可以作逐月领取退役金安置。

第十九条 退役军士逐月领取退役金的具体办法由国务院退役军人工作主管部门会同有关部门制定。

第二节 自主就业

第二十条 退役军士不符合逐月领取退役金、安排工作、退休、供养条件的,退役义务兵不符合安排工作、供养条件的,以自主就业方式安置。

退役军士符合逐月领取退役金、安排工作条件的,退役义务兵符合安排工作条件的,可以选择以自主就业方式安置。

第二十一条 对自主就业的退役军士和义务兵,根据其服现役年限发放一次性退役金。

自主就业退役军士和义务兵的一次性退役金由中央财政专项安排,具体标准由国务院退役军人工作主管部门、中央军事委员会政治工作部门会同国务院财政部门,根据国民经济发展水平、国家财力情况、全国城镇单位就业人员平均工资和军人职业特殊性等因素确定,并适时调整。

第二十二条 自主就业的退役军士和义务兵服现役期间个人获得勋章、荣誉称号或者表彰奖励的,按照下列比例增发一次性退役金:

(一) 获得勋章、荣誉称号的,增发25%;

(二) 荣立一等战功或者获得一级表彰的,增发20%;

(三) 荣立二等战功、一等功或者获得二级表彰并经批准享受相关待遇的,增发15%;

(四) 荣立三等战功或者二等功的,增发10%;

（五）荣立四等战功或者三等功的，增发5%。

第二十三条 对自主就业的退役军士和义务兵，地方人民政府可以根据当地实际情况给予一次性经济补助，补助标准及发放办法由省、自治区、直辖市人民政府制定。

第二十四条 因患精神障碍被评定为5级至6级残疾等级的初级军士和义务兵退出现役后，需要住院治疗或者无直系亲属照顾的，可以由安置地人民政府退役军人工作主管部门安排到有关医院接受治疗，依法给予保障。

第三节 安排工作

第二十五条 军士和义务兵退出现役，符合下列条件之一的，由安置地人民政府安排工作：

（一）军士服现役满12年的；

（二）服现役期间个人获得勋章、荣誉称号的；

（三）服现役期间个人荣获三等战功、二等功以上奖励的；

（四）服现役期间个人获得一级表彰的；

（五）因战致残被评定为5级至8级残疾等级的；

（六）是烈士子女的。

符合逐月领取退役金条件的军士，本人自愿放弃以逐月领取退役金方式安置的，可以选择以安排工作方式安置。

因战致残被评定为5级至6级残疾等级的中级以上军士，本人自愿放弃以退休方式安置的，可以选择以安排工作方式安置。

第二十六条 对安排工作的退役军士和义务兵，主要采取赋分选岗的办法安排到事业单位和国有企业；符合规定条件的，可以择优招录到基层党政机关公务员岗位。

安排工作的退役军士和义务兵服现役表现量化评分的具体办法由国务院退役军人工作主管部门会同中央军事委员会政治工作部门制定。

第二十七条 根据工作需要和基层政权建设要求,省级公务员主管部门应当确定一定数量的基层公务员录用计划,综合考虑服现役表现等因素,按照本条例第二十六条的规定择优招录具有本科以上学历的安排工作的退役军士和义务兵。招录岗位可以在省级行政区域内统筹安排。

参加招录的退役军士和义务兵是烈士子女的,或者在艰苦边远地区服现役满5年的,同等条件下优先录用。

艰苦边远地区和边疆民族地区在招录退役军士和义务兵时,可以根据本地实际适当放宽安置去向、年龄、学历等条件。

第二十八条 根据安置工作需要,省级以上人民政府可以指定一批专项岗位,按照规定接收安置安排工作的退役军士和义务兵。

第二十九条 对安排到事业单位的退役军士和义务兵,应当根据其服现役期间所作贡献、专长特长等,合理安排工作岗位。符合相应岗位条件的，可以安排到管理岗位或者专业技术岗位。

第三十条 机关、群团组织、事业单位接收安置安排工作的退役军士和义务兵的，应当按照国家有关规定给予编制保障。

国有企业应当按照本企业全系统新招录职工数量的规定比例核定年度接收计划，用于接收安置安排工作的退役军士和义务兵。

第三十一条 对接收安置安排工作的退役军士和义务兵任务较重的地方，上级人民政府可以在本行政区域内统筹调剂安排。

安置地人民政府应当在接收退役军士和义务兵的6个月内完成安排退役军士和义务兵工作的任务。

第三十二条 安排工作的退役军士和义务兵的安置岗位需要签订聘用合同或者劳动合同的，用人单位应当按照规定与其签订不少于3年的中长期聘用合同或者劳动合同。其中，企业接收军龄10年以上的退役军士的，应当与其签订无固定期限劳动合同。

第三十三条　对安排工作的残疾退役军士和义务兵，接收单位应当安排力所能及的工作。

安排工作的因战、因公致残退役军士和义务兵，除依法享受工伤保险待遇外，还享受与所在单位工伤人员同等的生活福利、医疗等其他待遇。

第三十四条　符合安排工作条件的退役军士和义务兵无正当理由拒不服从安置地人民政府安排工作的，视为放弃安排工作待遇；在待安排工作期间被依法追究刑事责任的，取消其安排工作待遇。

第三十五条　军士和义务兵退出现役，有下列情形之一的，不以安排工作方式安置：

（一）被开除中国共产党党籍的；

（二）受过刑事处罚的；

（三）法律法规规定的因被强制退役等原因不宜以安排工作方式安置的其他情形。

第四节　退休与供养

第三十六条　中级以上军士退出现役，符合下列条件之一的，作退休安置：

（一）退出现役时年满55周岁的；

（二）服现役满30年的；

（三）因战、因公致残被评定为1级至6级残疾等级的；

（四）患有严重疾病且经医学鉴定基本丧失工作能力的。

第三十七条　退休军士移交政府安置服务管理工作，参照退休军官的有关规定执行。

第三十八条　被评定为1级至4级残疾等级的初级军士和义务兵退出现役的，由国家供养终身。

因战、因公致残被评定为1级至4级残疾等级的中级以上军士，本人自愿放弃退休安置的，可以选择由国家供养终身。

国家供养分为集中供养和分散供养。

第四章 移交接收

第一节 安置计划

第三十九条 退役军人安置计划包括全国退役军人安置计划和地方退役军人安置计划，区分退役军官和退役军士、义务兵分类分批下达。

全国退役军人安置计划，由国务院退役军人工作主管部门会同中央军事委员会政治工作部门、中央和国家有关机关编制下达。

县级以上地方退役军人安置计划，由本级退役军人工作主管部门编制下达或者会同有关部门编制下达。

第四十条 伤病残退役军人安置计划可以纳入本条例第三十九条规定的计划一并编制下达，也可以专项编制下达。

退役军人随调随迁配偶和子女安置计划与退役军人安置计划一并下达。

第四十一条 中央和国家机关及其管理的企业事业单位接收退役军人的安置计划,按照国家有关规定编制下达。

第四十二条 因军队体制编制调整,军人整建制成批次退出现役的安置,由国务院退役军人工作主管部门、中央军事委员会政治工作部门会同中央和国家有关机关协商办理。

第二节 安 置 地

第四十三条 退役军人安置地按照服从工作需要、彰显服役贡献、有利于家庭生活的原则确定。

第四十四条 退役军官和以逐月领取退役金、退休方式安置的退役军士的安置地按照国家有关规定确定。

第四十五条 退役义务兵和以自主就业、安排工作、供养方式安置的退役军士的安置地为其入伍时户口所在地。但是,入伍时是普通高等学校在校学生,退出现役后不复学的,其安置地为入学前的户口所在地。

退役义务兵和以自主就业、安排工作、供养方式安置的退役军士有下列情形之一的,可以易地安置:

(一)服现役期间父母任何一方户口所在地变更的,可以在父母任何一方现户口所在地安置;

(二)退役军士已婚的,可以在配偶或者配偶父母任何一方户口所在地安置;

(三)退役军士的配偶为现役军人且符合随军规定的,可以在配偶部队驻地安置;双方同时退役的,可以在配偶的安置地安置;

(四)因其他特殊情况,由军队旅级以上单位政治工作部门出具证明,经省级以上人民政府退役军人工作主管部门批准,可以易地安置。

退役军士按照前款第二项、第三项规定在国务院确定的中等以上城市安置的,应当结婚满2年。

第四十六条 因国家重大改革、重点项目建设以及国防和军队改革需要等情况，退役军人经国务院退役军人工作主管部门批准，可以跨省、自治区、直辖市安置。

符合安置地吸引人才特殊政策规定条件的退役军人，由接收安置单位所在省级人民政府退役军人工作主管部门商同级人才工作主管部门同意，经国务院退役军人工作主管部门和中央军事委员会政治工作部门批准，可以跨省、自治区、直辖市安置。

第四十七条　对因战致残、服现役期间个人荣获三等战功或者二等功以上奖励、是烈士子女的退役军人，以及父母双亡的退役军士和义务兵，可以根据本人申请，由省级以上人民政府退役军人工作主管部门按照有利于其生活的原则确定安置地。

第四十八条　退役军人在国务院确定的超大城市安置的，除符合其安置方式对应的规定条件外，按照本人部队驻地安置的，还应当在驻该城市部队连续服役满规定年限；按照投靠方式安置的,还应当符合国家有关规定要求的其他资格条件。

第四十九条 退役军人服现役期间个人获得勋章、荣誉称号的,荣立一等战功或者获得一级表彰的,可以在全国范围内选择安置地。其中,退役军人选择在国务院确定的超大城市安置的,不受本条例第四十八条规定的限制。

退役军人服现役期间个人荣立二等战功或者一等功的,获得二级表彰并经批准享受相关待遇的,在西藏、新疆、军队确定的四类以上艰苦边远地区、军队确定的二类以上岛屿或者飞行、舰艇、涉核等特殊岗位服现役累计满15年的,可以在符合安置条件的省级行政区域内选择安置地。

退役军人在西藏、新疆、军队确定的四类以上艰苦边远地区、军队确定的二类以上岛屿或者飞行、舰艇、涉核等特殊岗位服现役累计满10年的,可以在符合安置条件的设区的市级行政区域内选择安置地。

第三节 交　　接

第五十条　以转业、逐月领取退役金、复员方式安置的退役军官和以逐月领取退役金方式安置的退役军士的人事档案，由中央军事委员会机关部委、中央军事委员会直属机构、中央军事委员会联合作战指挥中心、战区、军兵种、中央军事委员会直属单位等单位的政治工作部门向安置地省军区（卫戍区、警备区）移交后，由安置地省军区（卫戍区、警备区）向省级人民政府退役军人工作主管部门进行移交。

安排工作的退役军士和义务兵的人事档案，由中央军事委员会机关部委、中央军事委员会直属机构、中央军事委员会联合作战指挥中心、战区、军兵种、中央军事委员会直属单位等单位的政治工作部门向安置地省级人民政府退役军人工作主管部门进行移交。

以自主就业、供养方式安置的退役军士和义务兵的人事档案，由军队师、旅、团级单位政治工作部门向安置地人民政府退役军人工作主管部门进行移交。

第五十一条 以转业、逐月领取退役金、复员方式安置的退役军官，由退役军人工作主管部门发出接收安置报到通知，所在部队应当及时为其办理相关手续，督促按时报到。

以逐月领取退役金、安排工作、供养方式安置的退役军士和以安排工作、供养方式安置的退役义务兵，应当按照规定时间到安置地人民政府退役军人工作主管部门报到；自主就业的退役军士和义务兵，应当自被批准退出现役之日起30日内，到安置地人民政府退役军人工作主管部门报到。无正当理由不按照规定时间报到超过30日的，视为放弃安置待遇。

第五十二条 退休军官和军士的移交接收，由退休军官和军士所在部队团级以上单位政治工作部门和安置地人民政府退役军人工作主管部门组织办理。

第五十三条 退役军人报到后，退役军人

工作主管部门应当及时为需要办理户口登记的退役军人开具户口登记介绍信，公安机关据此办理户口登记。

退役军人工作主管部门应当督促退役军人及时办理兵役登记信息变更。

实行组织移交的复员军官，由军队旅级以上单位政治工作部门会同安置地人民政府退役军人工作主管部门和公安机关办理移交落户等相关手续。

第五十四条　对符合移交条件的伤病残退役军人，军队有关单位和安置地人民政府退役军人工作主管部门应当及时移交接收，予以妥善安置。

第五十五条　对退役军人安置政策落实不到位、工作推进不力的地区和单位，由省级以上人民政府退役军人工作主管部门会同有关部门约谈该地区人民政府主要负责人或者该单位主要负责人；对拒绝接收安置退役军人或者未完成安置任务的部门和单位，组织、编制、人力资源社会保障等部门可以视情况暂缓办理其人员调动、录（聘）用和编制等审批事项。

第五章　家属安置

第五十六条　以转业、逐月领取退役金、复员方式安置的退役军官和以逐月领取退役金、安排工作方式安置且符合家属随军规定的退役军士，其配偶可以随调随迁，未成年子女可以随迁。

以转业、逐月领取退役金、复员方式安置的退役军官身边无子女的，可以随调一名已经工作的子女及其配偶。

第五十七条　退役军人随调配偶在机关或者事业单位工作，符合有关法律法规规定的，安置地人民政府负责安排到相应的工作单位。对在其他单位工作或者无工作单位的随调随迁配偶，安置地人民政府应当提供就业指导，协助实现就业。

对安排到企业事业单位的退役军人随调配

偶，安置岗位需要签订聘用合同或者劳动合同的，用人单位应当与其签订不少于3年的中长期聘用合同或者劳动合同。

鼓励和支持退役军人随调随迁家属自主就业创业。对有自主就业创业意愿的随调配偶，可以采取发放一次性就业补助费等措施进行安置，并提供就业指导服务。一次性就业补助费标准及发放办法由省、自治区、直辖市人民政府制定。随调随迁家属按照规定享受就业创业扶持相关优惠政策。

退役军人随调配偶应当与退役军人同时接收安置，同时发出报到通知。

第五十八条 退役军人随调随迁家属户口的迁移、登记等手续，由安置地公安机关根据退役军人工作主管部门的通知及时办理。

退役军人随迁子女需要转学、入学的，安置地人民政府教育行政部门应当及时办理。

第五十九条 转业军官和安排工作的退役军士自愿到艰苦边远地区工作的，其随调随迁配偶和子女可以在原符合安置条件的地区安置。

第六十条 退休军官、军士随迁配偶和子女的落户、各项社会保险关系转移接续以及随迁子女转学、入学，按照国家有关规定执行。

第六章 教育培训

第六十一条 退役军人离队前，所在部队在保证完成军事任务的前提下，应当根据需要开展教育培训，介绍国家改革发展形势，宣讲退役军人安置政策，组织法律法规和保密纪律等方面的教育。县级以上地方人民政府退役军人工作主管部门应当给予支持配合。

第六十二条 军人退出现役后，退役军人工作主管部门和其他负责退役军人安置工作的部门应当区分不同安置方式的退役军人，组织适应性培训。

对符合条件的退役军人，县级以上人民政府退役军人工作主管部门可以组织专业培训。

第六十三条　符合条件的退役军人定岗后，安置地人民政府退役军人工作主管部门、接收安置单位可以根据岗位需要和本人实际，选派到高等学校或者相关教育培训机构进行专项学习培训。退役军人参加专项学习培训期间同等享受所在单位相关待遇。

第六十四条　退役军人依法享受教育优待政策。

退役军人在达到法定退休年龄前参加职业技能培训的，按照规定享受职业技能培训补贴等相应扶持政策。

第六十五条　退役军人教育培训的规划、组织协调、督促检查、补助发放工作，以及师资、教学设施等方面保障，由退役军人工作主管部门和教育培训行政主管部门按照分工负责。

第七章　就业创业扶持

第六十六条　国家采取政府推动、市场引

导、社会支持相结合的方式，鼓励和扶持退役军人就业创业。以逐月领取退役金、自主就业、复员方式安置的退役军人，按照规定享受相应就业创业扶持政策。

第六十七条 各级人民政府应当加强对退役军人就业创业的指导和服务。县级以上地方人民政府每年应当组织开展退役军人专场招聘活动，帮助退役军人就业。

对符合当地就业困难人员认定条件的退役军人，安置地人民政府应当将其纳入就业援助范围。对其中确实难以通过市场实现就业的，依法纳入公益性岗位保障范围。

第六十八条 机关、群团组织、事业单位和国有企业在招录或者招聘人员时，对退役军人的年龄和学历条件可以适当放宽，同等条件下优先招录、招聘退役军人。退役军官在军队团和相当于团以下单位工作的经历，退役军士和义务兵服现役的经历，视为基层工作经历。

各地应当设置一定数量的基层公务员职位，

面向服现役满5年的高校毕业生退役军人招考。

用人单位招用退役军人符合国家规定的,依法享受税收优惠等政策。

第六十九条 自主就业的退役军士和义务兵入伍前是机关、群团组织、事业单位或者国有企业人员的,退出现役后可以选择复职复工,其工资、福利待遇不得低于本单位同等条件人员的平均水平。

第七十条 自主就业的退役军士和义务兵入伍前通过家庭承包方式承包的农村土地,承包期内不得违法收回或者强迫、阻碍土地经营权流转;通过招标、拍卖、公开协商等非家庭承包方式承包的农村土地,承包期内其家庭成员可以继续承包;承包的农村土地被依法征收、征用或者占用的,与其他农村集体经济组织成员享有同等权利。

符合条件的复员军官、自主就业的退役军士和义务兵回入伍时户口所在地落户,属于农村集体经济组织成员但没有承包农村土地的,可以申请承包农村土地,农村集体经济组织或者村民委员会、村民小组应当优先解决。

第七十一条　服现役期间因战、因公、因病致残被评定残疾等级和退役后补评或者重新评定残疾等级的残疾退役军人,有劳动能力和就业意愿的,优先享受国家规定的残疾人就业优惠政策。退役军人所在单位不得因其残疾而辞退、解除聘用合同或者劳动合同。

第八章　待遇保障

第七十二条　退休军官的政治待遇按照安置地国家机关相应职务层次退休公务员有关规定执行。退休军官和军士的生活待遇按照军队统一的项目和标准执行。

第七十三条　转业军官的待遇保障按照国家有关规定执行。

安排工作的退役军士和义务兵的工资待遇按照国家有关规定确定,享受接收安置单位同等条件人员的其他相关待遇。

第七十四条 退役军人服现役年限计算为工龄，退役后与所在单位工作年限累计计算，享受国家和所在单位规定的与工龄有关的相应待遇。其中，安排工作的退役军士和义务兵的服现役年限以及符合本条例规定的待安排工作时间合并计算为工龄。

第七十五条 安排工作的退役军士和义务兵待安排工作期间，安置地人民政府应当按照当地月最低工资标准逐月发放生活补助。

接收安置单位应当在安排工作介绍信开具30日内，安排退役军士和义务兵上岗。非因退役军士和义务兵本人原因，接收安置单位未按照规定安排上岗的，应当从介绍信开具当月起，按照不低于本单位同等条件人员平均工资80%的标准，逐月发放生活费直至上岗为止。

第七十六条 军人服现役期间享受的残疾抚恤金、护理费等其他待遇，退出现役移交地方后按照地方有关规定执行。退休军官和军士享受的护理费等生活待遇按照军队有关规定执行。

第七十七条 符合条件的退役军人申请保障性住房和农村危房改造的,同等条件下予以优先安排。

退役军人符合安置住房优待条件的,实行市场购买与军地集中统建相结合的方式解决安置住房,由安置地人民政府统筹规划、科学实施。

第七十八条 分散供养的退役军士和义务兵购(建)房所需经费的标准,按照安置地县(市、区、旗)经济适用住房平均价格和60平方米的建筑面积确定;没有经济适用住房的地区按照普通商品住房价格确定。所购(建)房屋产权归分散供养的退役军士和义务兵所有,依法办理不动产登记。

分散供养的退役军士和义务兵自行解决住房的,按照前款规定的标准将购(建)房费用发给本人。

第七十九条 军官和军士退出现役时,服现役期间的住房公积金按照规定一次性发给本人,也可以根据本人意愿转移接续到安置地,并按照当地规定缴存、使用住房公积金;服现役期间的住房补贴发放按照有关规定执行。

第八十条 退役军人服现役期间获得功勋荣誉表彰的,退出现役后依法享受相应待遇。

第九章 社 会 保 险

第八十一条 军人退出现役时,军队按照规定转移军人保险关系和相应资金,安置地社会保险经办机构应当及时办理相应的转移接续手续。

退役军人依法参加养老、医疗、工伤、失业、生育等社会保险,缴纳社会保险费,享受社会保险待遇。

退役军人服现役年限与入伍前、退役后参加社会保险的缴费年限依法合并计算。

第八十二条 安排工作的退役军士和义务兵在国家规定的待安排工作期间,按照规定参加安置地职工基本养老保险并享受相应待遇，所需费用由安置地人民政府同级财政资金安排。

第八十三条　安置到机关、群团组织、企业事业单位的退役军人，依法参加职工基本医疗保险并享受相应待遇。

安排工作的退役军士和义务兵在国家规定的待安排工作期间，依法参加安置地职工基本医疗保险并享受相应待遇，单位缴费部分由安置地人民政府缴纳，个人缴费部分由个人缴纳。

逐月领取退役金的退役军官和军士、复员军官、自主就业的退役军士和义务兵依法参加职工基本医疗保险或者城乡居民基本医疗保险并享受相应待遇。

第八十四条　退休军官和军士移交人民政府安置后，由安置地人民政府按照有关规定纳入医疗保险和相关医疗补助。

退休军官享受安置地国家机关相应职务层次退休公务员的医疗待遇，退休军士医疗待遇参照退休军官有关规定执行。

第八十五条　退役军人未及时就业的,可以依法向户口所在地人力资源社会保障部门申领失业保险待遇,服现役年限视同参保缴费年限,但是以退休、供养方式安置的退役军人除外。

第八十六条　退役军人随调随迁家属,已经参加社会保险的,其社会保险关系和相应资金转移接续由社会保险经办机构依法办理。

第十章　法律责任

第八十七条　退役军人工作主管部门和其他负责退役军人安置工作的部门及其工作人员有下列行为之一的,由其上级主管部门责令改正,对负有责任的领导人员和直接责任人员依法给予处分:

(一)违反国家政策另设接收条件、提高安置门槛的;

(二)未按照规定确定退役军人安置待遇的;

(三)在退役军人安置工作中出具虚假文

件的；

（四）挪用、截留、私分退役军人安置工作经费的；

（五）在退役军人安置工作中利用职务之便为自己或者他人谋取私利的；

（六）有其他违反退役军人安置法律法规行为的。

第八十八条　接收安置退役军人的单位及其工作人员有下列行为之一的，由当地人民政府退役军人工作主管部门责令限期改正；逾期不改正的，予以通报批评，并对负有责任的领导人员和直接责任人员依法给予处分：

（一）拒绝或者无故拖延执行退役军人安置计划的；

（二）在国家政策之外另设接收条件、提高安置门槛的；

（三）将接收安置退役军人编制截留、挪用的；

（四）未按照规定落实退役军人安置待遇的；

（五）未依法与退役军人签订聘用合同或者劳动合同的；

（六）违法与残疾退役军人解除聘用合同或者劳动合同的；

（七）有其他违反退役军人安置法律法规行为的。

对干扰退役军人安置工作、损害退役军人合法权益的其他单位和个人，依法追究责任。

第八十九条　退役军人弄虚作假骗取安置待遇的，由县级以上地方人民政府退役军人工作主管部门取消相关待遇，追缴非法所得，依法追究责任。

第九十条　违反本条例规定，构成违反治安管理行为的，依法给予治安管理处罚；构成犯罪的，依法追究刑事责任。

第十一章　附　　则

第九十一条　中国人民武装警察部队依法

退出现役的警官、警士和义务兵等人员的安置,适用本条例。

本条例有关军官的规定适用于军队文职干部。

士兵制度改革后未进行军衔转换士官的退役安置,参照本条例有关规定执行。

第九十二条 军官离职休养和少将以上军官退休后,按照国务院和中央军事委员会的有关规定安置管理。

军队院校学员依法退出现役的,按照国家有关规定执行。

已经按照自主择业方式安置的退役军人的待遇保障,按照国务院和中央军事委员会的有关规定执行。

第九十三条 本条例自2024年9月1日起施行。《退役士兵安置条例》同时废止。

军人抚恤优待条例

（2004年8月1日中华人民共和国国务院、中华人民共和国中央军事委员会令第413号公布　根据2011年7月29日《国务院、中央军事委员会关于修改〈军人抚恤优待条例〉的决定》第一次修订　根据2019年3月2日《国务院关于修改部分行政法规的决定》第二次修订　2024年8月5日中华人民共和国国务院、中华人民共和国中央军事委员会令第788号第三次修订）

第一章　总　　则

第一条　为了保障国家对军人的抚恤优待，激励军人保卫祖国、建设祖国的献身精神，加强国防和军队现代化建设,让军人成为全社会尊崇的职业,根据《中华人民共和国国防法》、《中华人民共和国兵役法》、《中华人民共和国军人地位和权益保障法》、《中华人民共和国退役军人保障法》等有关法律,制定本条例。

第二条 本条例所称抚恤优待对象包括:

(一)军人;

(二)服现役和退出现役的残疾军人;

(三)烈士遗属、因公牺牲军人遗属、病故军人遗属;

(四)军人家属;

(五)退役军人。

第三条 军人抚恤优待工作坚持中国共产党的领导。

军人抚恤优待工作应当践行社会主义核心价值观,贯彻待遇与贡献匹配、精神与物质并重、关爱与服务结合的原则,分类保障,突出重点,逐步推进抚恤优待制度城乡统筹,健全抚恤优待标准动态调整机制,确保抚恤优待保障水平与经济社会发展水平、国防和军队建设需要相适应。

第四条 国家保障抚恤优待对象享受社会保障和基本公共服务等公民普惠待遇，同时享受相应的抚恤优待待遇。

在审核抚恤优待对象是否符合享受相应社会保障和基本公共服务等条件时，抚恤金、补助金和优待金不计入抚恤优待对象个人和家庭收入。

第五条 国务院退役军人工作主管部门负责全国的军人抚恤优待工作；县级以上地方人民政府退役军人工作主管部门负责本行政区域内的军人抚恤优待工作。

中央和国家有关机关、中央军事委员会有关部门、地方各级有关机关应当在各自职责范围内做好军人抚恤优待工作。

第六条 按照中央与地方财政事权和支出责任划分原则，军人抚恤优待所需经费主要由中央财政负担，适度加大省级财政投入力度，减轻基层财政压力。

县级以上地方人民政府应当对军人抚恤优待工作经费予以保障。

中央和地方财政安排的军人抚恤优待所需经费和工作经费，实施全过程预算绩效管理，并接受财政、审计部门的监督。

第七条 国家鼓励和引导群团组织、企业事业单位、社会组织、个人等社会力量依法通过捐赠、设立基金、志愿服务等方式为军人抚恤优待工作提供支持和帮助。

全社会应当关怀、尊重抚恤优待对象，开展各种形式的拥军优属活动，营造爱国拥军、尊崇军人浓厚氛围。

第八条 国家推进军人抚恤优待工作信息化，加强抚恤优待对象综合信息平台建设，加强部门协同配合、信息共享，实现对抚恤优待对象的精准识别，提升军人抚恤优待工作服务能力和水平。

国家建立享受定期抚恤补助对象年度确认

制度和冒领待遇追责机制,确保抚恤优待资金准确发放。

第九条 对在军人抚恤优待工作中做出显著成绩的单位和个人,按照国家有关规定给予表彰和奖励。

第二章 军人死亡抚恤

第十条 烈士遗属享受烈士褒扬金、一次性抚恤金,并可以按照规定享受定期抚恤金、丧葬补助、一次性特别抚恤金等。

因公牺牲军人遗属、病故军人遗属享受一次性抚恤金,并可以按照规定享受定期抚恤金、丧葬补助、一次性特别抚恤金等。

第十一条 军人牺牲,符合下列情形之一的,评定为烈士:

(一)对敌作战牺牲,或者对敌作战负伤在医疗终结前因伤牺牲的;

(二)因执行任务遭敌人或者犯罪分子杀

害，或者被俘、被捕后不屈遭敌人杀害或者被折磨牺牲的；

（三）为抢救和保护国家财产、集体财产、公民生命财产或者执行反恐怖任务和处置突发事件牺牲的；

（四）因执行军事演习、战备航行飞行、空降和导弹发射训练、试航试飞任务以及参加武器装备科研试验牺牲的；

（五）在执行外交任务或者国家派遣的对外援助、维持国际和平任务中牺牲的；

（六）其他牺牲情节特别突出，堪为楷模的。

军人在执行对敌作战、维持国际和平、边海防执勤或者抢险救灾等任务中失踪，被宣告死亡的，按照烈士对待。

评定烈士，属于因战牺牲的，由军队团级以上单位政治工作部门批准；属于非因战牺牲的，由军队军级以上单位政治工作部门批准；属于本条第一款第六项规定情形的，由中央军事委员会政治工作部批准。

第十二条 军人死亡，符合下列情形之一的，确认为因公牺牲：

（一）在执行任务中、工作岗位上或者在上下班途中，由于意外事件死亡的；

（二）被认定为因战、因公致残后因旧伤复发死亡的；

（三）因患职业病死亡的；

（四）在执行任务中或者在工作岗位上因病猝然死亡的；

（五）其他因公死亡的。

军人在执行对敌作战、维持国际和平、边海防执勤或者抢险救灾以外的其他任务中失踪，被宣告死亡的，按照因公牺牲对待。

军人因公牺牲，由军队团级以上单位政治工作部门确认；属于本条第一款第五项规定情形的，由军队军级以上单位政治工作部门确认。

第十三条 军人除本条例第十二条第一款第三项、第四项规定情形以外，因其他疾病死亡的，确认为病故。

军人非执行任务死亡,或者失踪被宣告死亡的,按照病故对待。

军人病故,由军队团级以上单位政治工作部门确认。

第十四条 军人牺牲被评定为烈士、确认为因公牺牲或者病故后,由军队有关部门或者单位向烈士遗属、因公牺牲军人遗属、病故军人遗属户籍所在地县级人民政府退役军人工作主管部门发送《烈士评定通知书》、《军人因公牺牲通知书》、《军人病故通知书》和《军人因公牺牲证明书》、《军人病故证明书》。烈士证书的颁发按照《烈士褒扬条例》的规定执行,《军人因公牺牲证明书》、《军人病故证明书》由本条规定的县级人民政府退役军人工作主管部门发给因公牺牲军人遗属、病故军人遗属。

遗属均为军人且无户籍的,军人单位所在地作为遗属户籍地。

第十五条 烈士褒扬金由领取烈士证书的烈士遗属户籍所在地县级人民政府退役军人工

作主管部门,按照烈士牺牲时上一年度全国城镇居民人均可支配收入30倍的标准发给其遗属。战时,参战牺牲的烈士褒扬金标准可以适当提高。

军人死亡,根据其死亡性质和死亡时的月基本工资标准,由收到《烈士评定通知书》、《军人因公牺牲通知书》、《军人病故通知书》的县级人民政府退役军人工作主管部门,按照以下标准发给其遗属一次性抚恤金:烈士和因公牺牲的,为上一年度全国城镇居民人均可支配收入的20倍加本人40个月的基本工资;病故的,为上一年度全国城镇居民人均可支配收入的2倍加本人40个月的基本工资。月基本工资或者津贴低于少尉军官基本工资标准的,按照少尉军官基本工资标准计算。被追授军衔的,按照所追授的军衔等级以及相应待遇级别确定月基本工资标准。

第十六条 服现役期间获得功勋荣誉表彰的军人被评定为烈士、确认为因公牺牲或者病

故的,其遗属在应当享受的一次性抚恤金的基础上,由县级人民政府退役军人工作主管部门按照下列比例增发一次性抚恤金:

(一)获得勋章或者国家荣誉称号的,增发40%;

(二)获得党中央、国务院、中央军事委员会单独或者联合授予荣誉称号的,增发35%;

(三)立一等战功、获得一级表彰或者获得中央军事委员会授权的单位授予荣誉称号的,增发30%;

(四)立二等战功、一等功或者获得二级表彰并经批准的,增发25%;

(五)立三等战功或者二等功的,增发15%;

(六)立四等战功或者三等功的,增发5%。

军人死亡后被追授功勋荣誉表彰的,比照前款规定增发一次性抚恤金。

服现役期间多次获得功勋荣誉表彰的烈士、因公牺牲军人、病故军人,其遗属由县级人民政府退役军人工作主管部门按照其中最高的增发比例,增发一次性抚恤金。

第十七条 对生前作出特殊贡献的烈士、因公牺牲军人、病故军人,除按照本条例规定发给其遗属一次性抚恤金外,军队可以按照有关规定发给其遗属一次性特别抚恤金。

第十八条 烈士褒扬金发给烈士的父母(抚养人)、配偶、子女;没有父母(抚养人)、配偶、子女的,发给未满18周岁的兄弟姐妹和已满18周岁但无生活费来源且由该军人生前供养的兄弟姐妹。

一次性抚恤金发给烈士遗属、因公牺牲军人遗属、病故军人遗属,遗属的范围按照前款规定确定。

第十九条 对符合下列条件的烈士遗属、因公牺牲军人遗属、病故军人遗属,由其户籍所在地县级人民政府退役军人工作主管部门依据其申请,在审核确认其符合条件当月起发给定期抚恤金;

(一)父母(抚养人)、配偶无劳动能力、

无生活费来源，或者收入水平低于当地居民平均生活水平的；

（二）子女未满 18 周岁或者已满 18 周岁但因上学或者残疾无生活费来源的；

（三）兄弟姐妹未满 18 周岁或者已满 18 周岁但因上学无生活费来源且由该军人生前供养的。

定期抚恤金标准应当参照上一年度全国居民人均可支配收入水平确定，具体标准及其调整办法，由国务院退役军人工作主管部门会同国务院财政部门规定。

第二十条 烈士、因公牺牲军人、病故军人生前的配偶再婚后继续赡养烈士、因公牺牲军人、病故军人父母（抚养人），继续抚养烈士、因公牺牲军人、病故军人生前供养的未满 18 周岁或者已满 18 周岁但无劳动能力且无生活费来源的兄弟姐妹的，由其户籍所在地县级人民政府退役军人工作主管部门继续发放定期抚恤金。

第二十一条 对领取定期抚恤金后生活仍有特殊困难的烈士遗属、因公牺牲军人遗属、病故军人遗属，县级以上地方人民政府可以增发抚恤金或者采取其他方式予以困难补助。

第二十二条 享受定期抚恤金的烈士遗属、因公牺牲军人遗属、病故军人遗属死亡的，继续发放6个月其原享受的定期抚恤金，作为丧葬补助。

第二十三条 军人失踪被宣告死亡的，在其被评定为烈士、确认为因公牺牲或者病故后，又经法定程序撤销对其死亡宣告的，由原评定或者确认机关取消其烈士、因公牺牲军人或者病故军人资格，并由发证机关收回有关证件，终止其家属原享受的抚恤待遇。

第三章　军人残疾抚恤

第二十四条 残疾军人享受残疾抚恤金，并可以按照规定享受供养待遇、护理费等。

第二十五条 军人残疾,符合下列情形之一的,认定为因战致残:

(一)对敌作战负伤致残的;

(二)因执行任务遭敌人或者犯罪分子伤害致残,或者被俘、被捕后不屈遭敌人伤害或者被折磨致残的;

(三)为抢救和保护国家财产、集体财产、公民生命财产或者执行反恐怖任务和处置突发事件致残的;

(四)因执行军事演习、战备航行飞行、空降和导弹发射训练、试航试飞任务以及参加武器装备科研试验致残的;

(五)在执行外交任务或者国家派遣的对外援助、维持国际和平任务中致残的;

(六)其他因战致残的。

军人残疾,符合下列情形之一的,认定为因公致残:

(一)在执行任务中、工作岗位上或者在上下班途中,由于意外事件致残的;

（二）因患职业病致残的；

（三）在执行任务中或者在工作岗位上突发疾病受伤致残的；

（四）其他因公致残的。

义务兵和初级军士除前款第二项、第三项规定情形以外，因其他疾病导致残疾的，认定为因病致残。

第二十六条 残疾的等级，根据劳动功能障碍程度和生活自理障碍程度确定，由重到轻分为一级至十级。

残疾等级的具体评定标准由国务院退役军人工作主管部门会同国务院人力资源社会保障部门、卫生健康部门和军队有关部门规定。

第二十七条 军人因战、因公致残经治疗伤情稳定后，符合评定残疾等级条件的，应当及时评定残疾等级。义务兵和初级军士因病致残经治疗病情稳定后，符合评定残疾等级条件的，本人（无民事行为能力人或者限制民事行为能力人由其监护人）或者所在单位应当及时提出申请,在服现役期间评定残疾等级。

因战、因公致残,残疾等级被评定为一级至十级的,享受抚恤;因病致残,残疾等级被评定为一级至六级的,享受抚恤。评定残疾等级的,从批准当月起发给残疾抚恤金。

第二十八条 因战、因公、因病致残性质的认定和残疾等级的评定权限是:

(一)义务兵和初级军士的残疾,由军队军级以上单位卫生部门会同相关部门认定和评定;

(二)军官、中级以上军士的残疾,由军队战区级以上单位卫生部门会同相关部门认定和评定;

(三)退出现役的军人和移交政府安置的军队离休退休干部、退休军士需要认定残疾性质和评定残疾等级的,由省级人民政府退役军人工作主管部门认定和评定。

评定残疾等级,应当依据医疗卫生专家小组出具的残疾等级医学鉴定意见。

残疾军人由认定残疾性质和评定残疾等级的机关发给《中华人民共和国残疾军人证》。

第二十九条 军人因战、因公致残,未及时评定残疾等级,退出现役后,本人(无民事行为能力人或者限制民事行为能力人由其监护人)应当及时申请补办评定残疾等级;凭原始档案记载及原始病历能够证明服现役期间的残情和伤残性质符合评定残疾等级条件的,可以评定残疾等级。

被诊断、鉴定为职业病或者因体内残留弹片致残,符合残疾等级评定条件的,可以补办评定残疾等级。

军人被评定残疾等级后,在服现役期间或者退出现役后原致残部位残疾情况发生明显变化,原定残疾等级与残疾情况明显不符,本人(无民事行为能力人或者限制民事行为能力人由其监护人)申请或者军队卫生部门、地方人民政府退役军人工作主管部门提出需要调整残疾等级的,可以重新评定残疾等级。申请调整残疾等级应当在上一次评定残疾等级1年后提出。

第三十条 退出现役的残疾军人或者向政府移交的残疾军人,应当自军队办理退役手续或者移交手续后60日内,向户籍迁入地县级人民政府退役军人工作主管部门申请转入抚恤关系,按照残疾性质和等级享受残疾抚恤金。其退役或者向政府移交当年的残疾抚恤金由所在部队发给,迁入地县级人民政府退役军人工作主管部门从下一年起按照当地的标准发给。

因工作需要继续服现役的残疾军人,经军队军级以上单位批准,由所在部队按照规定发给残疾抚恤金。

第三十一条 残疾军人的抚恤金标准应当参照上一年度全国城镇单位就业人员年平均工资水平确定。残疾抚恤金的标准以及一级至十级残疾军人享受残疾抚恤金的具体办法,由国务院退役军人工作主管部门会同国务院财政部门规定。

对领取残疾抚恤金后生活仍有特殊困难的残疾军人，县级以上地方人民政府可以增发抚恤金或者采取其他方式予以困难补助。

第三十二条 退出现役的因战、因公致残的残疾军人因旧伤复发死亡的，由县级人民政府退役军人工作主管部门按照因公牺牲军人的抚恤金标准发给其遗属一次性抚恤金，其遗属按照国家规定享受因公牺牲军人遗属定期抚恤金待遇。

退出现役的残疾军人因病死亡的，对其遗属继续发放 12 个月其原享受的残疾抚恤金，作为丧葬补助；其中，因战、因公致残的一级至四级残疾军人因病死亡的，其遗属按照国家规定享受病故军人遗属定期抚恤金待遇。

第三十三条 退出现役时为一级至四级的残疾军人，由国家供养终身；其中，对需要长年医疗或者独身一人不便分散供养的，经省级人民政府退役军人工作主管部门批准，可以集中供养。

第三十四条 对退出现役时分散供养的一级至四级、退出现役后补办或者调整为一级至四级、服现役期间因患精神障碍评定为五级至六级的残疾军人发给护理费,护理费的标准为:

(一)因战、因公一级和二级残疾的,为当地上一年度城镇单位就业人员月平均工资的50%;

(二)因战、因公三级和四级残疾的,为当地上一年度城镇单位就业人员月平均工资的40%;

(三)因病一级至四级残疾的,为当地上一年度城镇单位就业人员月平均工资的30%;

(四)因精神障碍五级至六级残疾的,为当地上一年度城镇单位就业人员月平均工资的25%。

退出现役并移交地方的残疾军人的护理费,由县级以上地方人民政府退役军人工作主管部门发给。未退出现役或者未移交地方的残疾军人的护理费,由所在部队按照军队有关规定发给。移交政府安置的离休退休残疾军人的护理费，按照国家和军队有关规定执行。

享受护理费的残疾军人在优抚医院集中收治期间，护理费由优抚医院统筹使用。享受护理费的残疾军人在部队期间，由单位从地方购买照护服务的，护理费按照规定由单位纳入购买社会服务费用统一管理使用。

第三十五条　残疾军人因残情需要配制假肢、轮椅、助听器等康复辅助器具，正在服现役的，由军队军级以上单位负责解决；退出现役的，由省级人民政府退役军人工作主管部门负责解决，所需经费由省级人民政府保障。

第四章　优　　待

第三十六条　抚恤优待对象依法享受家庭优待金、荣誉激励、关爱帮扶，以及教育、医疗、就业、住房、养老、交通、文化等方面的优待。

第三十七条 国家完善抚恤优待对象表彰、奖励办法，构建精神与物质并重的荣誉激励制度体系，建立抚恤优待对象荣誉激励机制，健全邀请参加重大庆典活动、开展典型宣传、悬挂光荣牌、制发优待证、送喜报、载入地方志、组织短期疗养等政策制度。

第三十八条 国家建立抚恤优待对象关爱帮扶机制，逐步完善抚恤优待对象生活状况信息档案登记制度，有条件的地方可以设立退役军人关爱基金，充分利用退役军人关爱基金等开展帮扶援助，加大对生活发生重大变故、遇到特殊困难的抚恤优待对象的关爱帮扶力度。

乡镇人民政府、街道办事处通过入户走访等方式，主动了解本行政区域抚恤优待对象的生活状况，及时发现生活困难的抚恤优待对象，提供协助申请、组织帮扶等服务。基层群众性自治组织应当协助做好抚恤优待对象的走访帮扶工作。鼓励发挥社会组织、社会工作者和志愿者作用，为抚恤优待对象提供心理疏导、精神抚慰、法律援助、人文关怀等服务。县级以上人民政府应当采取措施,为乡镇人民政府、街道办事处以及基层群众性自治组织开展相关工作提供条件和支持。

第三十九条 国家对烈士遗属逐步加大教育、医疗、就业、养老、住房、交通、文化等方面的优待力度。

国务院有关部门、军队有关部门和地方人民政府应当关心烈士遗属的生活情况,开展走访慰问,及时给予烈士遗属荣誉激励和精神抚慰。

烈士子女符合公务员、社区专职工作人员考录、聘用条件的,在同等条件下优先录用或者聘用。

第四十条 烈士、因公牺牲军人、病故军人的子女、兄弟姐妹以及军人子女,本人自愿应征并且符合征兵条件的,优先批准服现役;报考军队文职人员的,按照规定享受优待。

第四十一条 国家兴办优抚医院、光荣院,按照规定为抚恤优待对象提供优待服务。县级以上人民政府应当充分利用现有医疗和养老服务资源，因地制宜加强优抚医院、光荣院建设，收治或者集中供养孤老、生活不能自理的退役军人。

参战退役军人、烈士遗属、因公牺牲军人遗属、病故军人遗属和军人家属，符合规定条件申请在国家兴办的优抚医院、光荣院集中供养、住院治疗、短期疗养的，享受优先、优惠待遇。

各类社会福利机构应当优先接收抚恤优待对象。烈士遗属、因公牺牲军人遗属、病故军人遗属和军人家属，符合规定条件申请入住公办养老机构的，同等条件下优先安排。

第四十二条 国家建立中央和地方财政分级负担的义务兵家庭优待金制度，义务兵服现役期间，其家庭由批准入伍地县级人民政府发给优待金，同时按照规定享受其他优待。

义务兵和军士入伍前依法取得的农村土地

承包经营权，服现役期间应当保留。

义务兵从部队发出的平信，免费邮递。

第四十三条 烈士子女报考普通高中、中等职业学校、高等学校，按照《烈士褒扬条例》等法律法规和国家有关规定享受优待。在公办幼儿园和公办学校就读的，按照国家有关规定享受各项学生资助等政策。

因公牺牲军人子女、一级至四级残疾军人子女报考普通高中、中等职业学校、高等学校，在录取时按照国家有关规定给予优待；接受学历教育的，按照国家有关规定享受各项学生资助等政策。

军人子女入读公办义务教育阶段学校和普惠性幼儿园，可以在本人、父母、祖父母、外祖父母或者其他法定监护人户籍所在地，或者父母居住地、部队驻地入学，享受当地军人子女教育优待政策；报考普通高中、中等职业学校、高等学校，按照国家有关规定优先录取；接受学历教育的，按照国家有关规定享受各项学生资助等政策。地方各级人民政府及其有关部门应当按照法律法规和国家有关规定为军人子女创造接受良好教育的条件。

残疾军人、义务兵和初级军士退出现役后,报考中等职业学校和高等学校,按照国家有关规定享受优待。优先安排残疾军人参加学习培训,按照规定享受国家资助政策。退役军人按照规定免费参加教育培训。符合条件的退役大学生士兵复学、转专业、攻读硕士研究生等,按照国家有关规定享受优待政策。

抚恤优待对象享受教育优待的具体办法由国务院退役军人工作主管部门会同国务院教育部门规定。

第四十四条 国家对一级至六级残疾军人的医疗费用按照规定予以保障,其中参加工伤保险的一级至六级残疾军人旧伤复发的医疗费用,由工伤保险基金支付。

七级至十级残疾军人旧伤复发的医疗费用,已经参加工伤保险的,由工伤保险基金支付;

未参加工伤保险，有工作单位的由工作单位解决，没有工作单位的由当地县级以上地方人民政府负责解决。七级至十级残疾军人旧伤复发以外的医疗费用，未参加医疗保险且本人支付有困难的，由当地县级以上地方人民政府酌情给予补助。

抚恤优待对象在军队医疗卫生机构和政府举办的医疗卫生机构按照规定享受优待服务，国家鼓励社会力量举办的医疗卫生机构为抚恤优待对象就医提供优待服务。参战退役军人、残疾军人按照规定享受医疗优惠。

抚恤优待对象享受医疗优待和优惠的具体办法由国务院退役军人工作主管部门和中央军事委员会后勤保障部会同国务院财政、卫生健康、医疗保障等部门规定。

中央财政对地方给予适当补助，用于帮助解决抚恤优待对象的医疗费用困难问题。

第四十五条 义务兵和军士入伍前是机关、群团组织、事业单位或者国有企业工作人员，退出现役后以自主就业方式安置的，可以选择复职复工，其工资、福利待遇不得低于本单位同等条件工作人员的平均水平；服现役期间，其家属继续享受该单位工作人员家属的有关福利待遇。

残疾军人、义务兵和初级军士退出现役后，报考公务员的，按照国家有关规定享受优待。

第四十六条 国家依法保障军人配偶就业安置权益。机关、群团组织、企业事业单位、社会组织和其他组织，应当依法履行接收军人配偶就业安置的义务。经军队团级以上单位政治工作部门批准随军的军官家属、军士家属，由驻军所在地公安机关办理落户手续。

军人配偶随军前在机关或者事业单位工作的，由安置地人民政府及其主管部门按照国家有关规定，安排到相应的工作单位。其中，随军前是公务员的，采取转任等方式，在规定的编制限额和职数内，结合当地和随军家属本人实际情况，原则上安置到机关相应岗位；随军前是事业单位工作人员的,采取交流方式,在规定的编制限额和设置的岗位数内,结合当地和随军家属本人实际情况,原则上安置到事业单位相应岗位。经个人和接收单位双向选择,也可以按照规定安置到其他单位适宜岗位。

军人配偶随军前在其他单位工作或者无工作单位且有就业能力和就业意愿的,由安置地人民政府提供职业指导、职业介绍、职业培训等就业服务,按照规定落实相关扶持政策,帮助其实现就业。

烈士遗属、因公牺牲军人遗属和符合规定条件的军人配偶,当地人民政府应当优先安排就业。符合条件的军官和军士退出现役时,其配偶和子女可以按照国家有关规定随调随迁。

第四十七条 国家鼓励有用工需求的用人单位优先安排随军家属就业。国有企业在新招录职工时,应当按照用工需求的适当比例聘用随军家属;有条件的民营企业在新招录职工时,可以按照用工需求的适当比例聘用随军家属。

国家鼓励和扶持有条件、有意愿的军人配偶自主就业、自主创业，按照规定落实相关扶持政策。

第四十八条 驻边疆国境的县（市）、沙漠区、国家确定的边远地区中的三类地区和军队确定的特、一、二类岛屿部队的军官、军士，其符合随军条件无法随军的家属，可以选择在军人、军人配偶原户籍所在地或者军人父母、军人配偶父母户籍所在地自愿落户，所在地人民政府应当妥善安置。

第四十九条 随军的烈士遗属、因公牺牲军人遗属、病故军人遗属，移交地方人民政府安置的，享受本条例和当地人民政府规定的优待。

第五十条 退出现役后，在机关、群团组织、企业事业单位和社会组织工作的残疾军人，享受与所在单位工伤人员同等的生活福利和医疗待遇。所在单位不得因其残疾将其辞退、解除聘用合同或者劳动合同。

第五十一条 国家适应住房保障制度改革

发展要求，逐步完善抚恤优待对象住房优待办法，适当加大对参战退役军人、烈士遗属、因公牺牲军人遗属、病故军人遗属的优待力度。符合当地住房保障条件的抚恤优待对象承租、购买保障性住房的，县级以上地方人民政府有关部门应当给予优先照顾。居住农村的符合条件的抚恤优待对象，同等条件下优先纳入国家或者地方实施的农村危房改造相关项目范围。

第五十二条　军人凭军官证、军士证、义务兵证、学员证等有效证件，残疾军人凭《中华人民共和国残疾军人证》，烈士遗属、因公牺牲军人遗属、病故军人遗属凭优待证，乘坐境内运行的铁路旅客列车、轮船、长途客运班车和民航班机，享受购票、安检、候乘、通行等优先服务，随同出行的家属可以一同享受优先服务；残疾军人享受减收国内运输经营者对外公布票价50%的优待。

军人、残疾军人凭证免费乘坐市内公共汽车、电车、轮渡和轨道交通工具。

第五十三条 抚恤优待对象参观游览图书馆、博物馆、美术馆、科技馆、纪念馆、体育场馆等公共文化设施和公园、展览馆、名胜古迹等按照规定享受优待及优惠服务。

第五十四条 军人依法享受个人所得税优惠政策。退役军人从事个体经营或者企业招用退役军人,符合条件的,依法享受税收优惠。

第五章 法律责任

第五十五条 军人抚恤优待管理单位及其工作人员挪用、截留、私分军人抚恤优待所需经费和工作经费,构成犯罪的,依法追究相关责任人员的刑事责任;尚不构成犯罪的,对相关责任人员依法给予处分。被挪用、截留、私分的军人抚恤优待所需经费和工作经费,由上一级人民政府退役军人工作主管部门、军队有关部门责令追回。

第五十六条 军人抚恤优待管理单位及其

工作人员、参与军人抚恤优待工作的单位及其工作人员有下列行为之一的,由其上级主管部门责令改正;情节严重,构成犯罪的,依法追究相关责任人员的刑事责任;尚不构成犯罪的,对相关责任人员依法给予处分:

(一)违反规定审批军人抚恤待遇的;

(二)在审批军人抚恤待遇工作中出具虚假诊断、鉴定、证明的;

(三)不按照规定的标准、数额、对象审批或者发放抚恤金、补助金、优待金的;

(四)在军人抚恤优待工作中利用职权谋取私利的;

(五)有其他违反法律法规行为的。

第五十七条 负有军人优待义务的单位不履行优待义务的,由县级以上地方人民政府退役军人工作主管部门责令限期履行义务;逾期仍未履行的,处以2万元以上5万元以下罚款;对直接负责的主管人员和其他直接责任人员,依法给予处分。因不履行优待义务使抚恤优待对象受到损失的，应当依法承担赔偿责任。

第五十八条 抚恤优待对象及其他人员有下列行为之一的，由县级以上地方人民政府退役军人工作主管部门、军队有关部门取消相关待遇、追缴违法所得，并由其所在单位或者有关部门依法给予处分；构成犯罪的，依法追究刑事责任：

（一）冒领抚恤金、补助金、优待金的；

（二）伪造残情、伤情、病情骗取医药费等费用或者相关抚恤优待待遇的；

（三）出具虚假证明，伪造证件、印章骗取抚恤金、补助金、优待金的；

（四）其他弄虚作假骗取抚恤优待待遇的。

第五十九条 抚恤优待对象被判处有期徒刑、剥夺政治权利或者被通缉期间，中止发放抚恤金、补助金；被判处死刑、无期徒刑以及被军队开除军籍的，取消其抚恤优待资格。

抚恤优待对象有前款规定情形的，由省级人民政府退役军人工作主管部门按照国家有关规定中止或者取消其抚恤优待相关待遇,报国务院退役军人工作主管部门备案。

第六章 附 则

第六十条 本条例适用于中国人民武装警察部队。

第六十一条 军队离休退休干部和退休军士的抚恤优待,按照本条例有关军人抚恤优待的规定执行。

参试退役军人参照本条例有关参战退役军人的规定执行。

因参战以及参加非战争军事行动、军事训练和执行军事勤务伤亡的预备役人员、民兵、民工、其他人员的抚恤,参照本条例的有关规定办理。

第六十二条 国家按照规定为符合条件的参战退役军人、带病回乡退役军人、年满60周岁农村籍退役士兵、1954年10月31日之前入伍后经批准退出现役的人员，以及居住在农村和城镇无工作单位且年满60周岁、在国家建立定期抚恤金制度时已满18周岁的烈士子女，发放定期生活补助。

享受国家定期生活补助的参战退役军人去世后，继续发放6个月其原享受的定期生活补助，作为丧葬补助。

第六十三条　深化国防和军队改革期间现役军人转改的文职人员，按照本条例有关军人抚恤优待的规定执行。

其他文职人员因在作战和有作战背景的军事行动中承担支援保障任务、参加非战争军事行动以及军级以上单位批准且列入军事训练计划的军事训练伤亡的抚恤优待，参照本条例的有关规定办理。

第六十四条　本条例自2024年10月1日起施行。

军队转业干部安置暂行办法

(2001年1月19日)

第一章 总 则

第一条 为了做好军队转业干部安置工作,加强国防和军队建设,促进经济和社会发展,保持社会稳定,根据《中华人民共和国国防法》、《中华人民共和国兵役法》和其他有关法律法规的规定,制定本办法。

第二条 本办法所称军队转业干部,是指退出现役作转业安置的军官和文职干部。

第三条 军队转业干部是党和国家干部队伍的组成部分,是重要的人才资源,是社会主义现代化建设的重要力量。

军队转业干部为国防事业、军队建设作出

了牺牲和贡献,应当受到国家和社会的尊重、优待。

第四条 军队干部转业到地方工作,是国家和军队的一项重要制度。国家对军队转业干部实行计划分配和自主择业相结合的方式安置。

计划分配的军队转业干部由党委、政府负责安排工作和职务;自主择业的军队转业干部由政府协助就业、发给退役金。

第五条 军队转业干部安置工作,坚持为经济社会发展和军队建设服务的方针,贯彻妥善安置、合理使用、人尽其才、各得其所的原则。

第六条 国家设立军队转业干部安置工作机构,在中共中央、国务院、中央军事委员会领导下,负责全国军队转业干部安置工作。

省(自治区、直辖市)设立相应的军队转业干部安置工作机构,负责本行政区域的军队转业干部安置工作。市(地)可以根据实际情况设立军队转业干部安置工作机构。

第七条 解放军总政治部统一管理全军干部转业工作。

军队团级以上单位党委和政治机关负责本单位干部转业工作。

省军区（卫戍区、警备区）负责全军转业到所在省、自治区、直辖市干部的移交，并配合当地党委、政府做好军队转业干部安置工作。

第八条 接收、安置军队转业干部是一项重要的政治任务，是全社会的共同责任。党和国家机关、团体、企业事业单位，应当按照国家有关规定，按时完成军队转业干部安置任务。

第九条 军队转业干部应当保持和发扬人民军队的优良传统，适应国家经济和社会发展的需要，服从组织安排，努力学习，积极进取，为社会主义现代化建设贡献力量。

第十条 对在社会主义现代化建设中贡献突出的军队转业干部和在军队转业干部安置工作中做出显著成绩的单位、个人，国家和军队给予表彰奖励。

第二章 转业安置计划

第十一条 全国的军队转业干部安置计划,由国家军队转业干部安置工作主管部门会同解放军总政治部编制下达。

省(自治区、直辖市)的军队转业干部安置计划,由省(自治区、直辖市)军队转业干部安置工作主管部门编制下达。

中央和国家机关及其管理的在京企业事业单位军队转业干部安置计划,由国家军队转业干部安置工作主管部门编制下达。

中央和国家机关京外直属机构、企业事业单位的军队转业干部安置计划,由所在省(自治区、直辖市)军队转业干部安置工作主管部门编制下达。

第十二条 担任团级以下职务(含处级以下文职干部和享受相当待遇的专业技术干部,下同)的军队干部,有下列情形之一的,列入

军队干部转业安置计划:

(一)达到平时服现役最高年龄的;

(二)受军队编制员额限制不能调整使用的;

(三)因身体状况不能坚持军队正常工作但能够适应地方工作的;

(四)其他原因需要退出现役作转业安置的。

第十三条 担任团级以下职务的军队干部,有下列情形之一的,不列入军队干部转业安置计划:

(一)年龄超过50周岁的;

(二)二等甲级以上伤残的;

(三)患有严重疾病,经驻军医院以上医院诊断确认,不能坚持正常工作的;

(四)受审查尚未作出结论或者留党察看期未满的;

(五)故意犯罪受刑事处罚的;

(六)被开除党籍或者受劳动教养丧失干部资格的;

(七)其他原因不宜作转业安置的。

第十四条 担任师级职务（含局级文职干部，下同）或高级专业技术职务的军队干部，年龄50周岁以下的，本人申请，经批准可以安排转业，列入军队干部转业安置计划。

担任师级职务或高级专业技术职务的军队干部，年龄超过50周岁、地方工作需要的，可以批准转业，另行办理。

第十五条 因军队体制、编制调整或者国家经济社会发展需要，成建制成批军队干部的转业安置，由解放军总政治部与国家军队转业干部安置工作主管部门协商办理。

中央和国家机关及其管理的在京企业事业单位计划外选调军队干部，经大军区级单位政治机关审核并报解放军总政治部批准转业后，由国家军队转业干部安置工作主管部门办理审批。

第三章 安置地点

第十六条 军队转业干部一般由其原籍或

者入伍时所在省（自治区、直辖市）安置，也可以到配偶随军前或者结婚时常住户口所在地安置。

第十七条　配偶已随军的军队转业干部，具备下列条件之一的，可以到配偶常住户口所在地安置：

（一）配偶取得北京市常住户口满4年的；

（二）配偶取得上海市常住户口满3年的；

（三）配偶取得天津市、重庆市和省会（自治区首府）城市、副省级城市常住户口满2年的；

（四）配偶取得其他城市常住户口的。

第十八条　父母身边无子女或者配偶为独生子女的军队转业干部，可以到其父母或者配偶父母常住户口所在地安置。未婚的军队转业干部可以到其父母常住户口所在地安置。

父母双方或者一方为军人且长期在边远艰苦地区工作的军队转业干部，可以到父母原籍、入伍地或者父母离退休安置地安置。

第十九条 军队转业干部具备下列条件之一的,可以到配偶常住户口所在地安置,也可以到其父母或者配偶父母、本人子女常住户口所在地安置:

(一)自主择业的;

(二)在边远艰苦地区或者从事飞行、舰艇工作满10年的;

(三)战时获三等功、平时获二等功以上奖励的;

(四)因战因公致残的。

第二十条 夫妇同为军队干部且同时转业的,可以到任何一方的原籍或者入伍地安置,也可以到符合配偶随军条件的一方所在地安置;一方转业,留队一方符合配偶随军条件的,转业一方可以到留队一方所在地安置。

第二十一条 因国家重点工程、重点建设项目、新建扩建单位以及其他工作需要的军队转业干部,经接收单位所在省(自治区、直辖市)军队转业干部安置工作主管部门批准,可以跨省（自治区、直辖市）安置。

符合安置地吸引人才特殊政策规定条件的军队转业干部，可以到该地区安置。

第四章　工作分配与就业

第二十二条　担任师级职务的军队转业干部或者担任营级以下职务（含科级以下文职干部和享受相当待遇的专业技术干部，下同）且军龄不满20年的军队转业干部，由党委、政府采取计划分配的方式安置。

担任团级职务的军队转业干部或者担任营级职务且军龄满20年的军队转业干部，可以选择计划分配或者自主择业的方式安置。

第二十三条　计划分配的军队转业干部，党委、政府应当根据其德才条件和在军队的职务等级、贡献、专长安排工作和职务。

担任师级领导职务或者担任团级领导职务且任职满最低年限的军队转业干部，一般安排相应的领导职务。接收师、团级职务军队转业干部人数较多、安排领导职务确有困难的地区，可以安排相应的非领导职务。

其他担任师、团级职务或者担任营级领导职务且任职满最低年限的军队转业干部，参照上述规定，合理安排。

第二十四条　各省、自治区、直辖市应当制定优惠的政策措施，鼓励军队转业干部到艰苦地区和基层单位工作。

对自愿到边远艰苦地区工作的军队转业干部，应当安排相应的领导职务，德才优秀的可以提职安排。

在西藏或者其他海拔 3500 米以上地区连续工作满 5 年的军队转业干部，应当安排相应的领导职务或者非领导职务，对正职领导干部安排正职确有困难的，可以安排同级副职。

第二十五条　各地区、各部门、各单位应当采取使用空出的领导职位、按规定增加非领导职数或者先进后出、带编分配等办法，安排好师、团级职务军队转业干部的工作和职务。

党和国家机关按照军队转业干部安置计划数的15%增加行政编制,所增加的编制主要用于安排师、团级职务军队转业干部。

各地区、各部门、各单位应当把师、团级职务军队转业干部的安排与领导班子建设通盘考虑,有计划地选调师、团级职务军队转业干部,安排到市(地)、县(市)级领导班子或者事业单位、国有大中型企业领导班子任职。

第二十六条 担任专业技术职务的军队转业干部,一般应当按照其在军队担任的专业技术职务或者国家承认的专业技术资格,聘任相应的专业技术职务;工作需要的可以安排行政职务。

担任行政职务并兼任专业技术职务的军队转业干部,根据地方工作需要和本人志愿,可以安排相应的行政职务或者聘任相应的专业技术职务。

第二十七条 国家下达的机关、团体、事

业单位的年度增人计划,应当首先用于安置军队转业干部。编制满员的事业单位接收安置军队转业干部,按照实际接收人数相应增加编制,并据此增加人员工资总额计划。

第二十八条 党和国家机关接收计划分配的军队转业干部,按照干部管理权限,在主管部门的组织、指导下,对担任师、团级职务的,采取考核选调等办法安置;对担任营级以下职务的,采取考试考核和双向选择等办法安置。对有的岗位,也可以在军队转业干部中采取竞争上岗的办法安置。

第二十九条 对计划分配到事业单位的军队转业干部,参照其军队职务等级安排相应的管理或者专业技术工作岗位,并给予3年适应期。

企业接收军队转业干部,由军队转业干部安置工作主管部门编制计划,根据军队转业干部本人志愿进行分配,企业安排管理或者专业技术工作岗位,并给予2年适应期。

军队转业干部可以按照有关规定与用人单位签订无固定期限或者有固定期限劳动、聘用合同，用人单位不得违约解聘、辞退或者解除劳动、聘用合同。

第三十条 中央和国家机关京外直属机构、企业事业单位，应当按时完成所在地党委、政府下达的军队转业干部安置任务。需要增加编制、职数和工资总额的，其上级主管部门应当予以支持。

第三十一条 对自主择业的军队转业干部，安置地政府应当采取提供政策咨询、组织就业培训、拓宽就业渠道、向用人单位推荐、纳入人才市场等措施，为其就业创造条件。

第三十二条 党和国家机关、团体、企业事业单位在社会上招聘录用人员时，对适合军队转业干部工作的岗位，应当优先录用、聘用自主择业的军队转业干部。

第三十三条 对从事个体经营或者创办经济实体的自主择业的军队转业干部，安置地政府应当在政策上给予扶持,金融、工商、税务等部门,应当视情提供低息贷款,及时核发营业执照,按照社会再就业人员的有关规定减免营业税、所得税等税费。

第五章 待 遇

第三十四条 计划分配到党和国家机关、团体、事业单位的军队转业干部,其工资待遇按照不低于接收安置单位与其军队职务等级相应或者同等条件人员的标准确定,津贴、补贴、奖金以及其他生活福利待遇,按照国家有关规定执行。

第三十五条 计划分配到党和国家机关、团体、事业单位的军队转业干部,退休时的职务等级低于转业时军队职务等级的,享受所在单位与其转业时军队职务等级相应或者同等条件人员的退休待遇。

本条规定不适用于到地方后受降级以上处

分的军队转业干部。

第三十六条 计划分配到企业的军队转业干部，其工资和津贴、补贴、奖金以及其他生活福利待遇，按照国家和所在企业的有关规定执行。

第三十七条 军队转业干部的军龄，计算为接收安置单位的连续工龄（工作年限），享受相应的待遇。在军队从事护理、教学工作，转业后仍从事该职业的，其在军队的护龄、教龄应当连续计算，享受接收安置单位同类人员的待遇。

第三十八条 自主择业的军队转业干部，由安置地政府逐月发给退役金。团级职务和军龄满 20 年的营级职务军队转业干部的月退役金，按照本人转业时安置地同职务等级军队干部月职务、军衔（级别）工资和军队统一规定的津贴补贴为计发基数 80% 的数额与基础、军龄工资的全额之和计发。军龄满 20 年以上的，从第 21 年起，军龄每增加一年，增发月退役金计发基数的 1%。

第三十九条 自主择业的军队转业干部，按照下列条件和标准增发退役金：

（一）荣立三等功、二等功、一等功或者被大军区级以上单位授予荣誉称号的，分别增发月退役金计发基数的 5%、10%、15%。符合其中两项以上的，按照最高的一项标准增发。

（二）在边远艰苦地区或者从事飞行、舰艇工作满 10 年、15 年、20 年以上的，分别增发月退役金计发基数的 5%、10%、15%。符合其中两项以上的，按照最高的一项标准增发。

本办法第三十八条和本条各项规定的标准合并计算后，月退役金数额不得超过本人转业时安置地同职务等级军队干部月职务、军衔、基础、军龄工资和军队统一规定的津贴补贴之和。

第四十条 自主择业的军队转业干部的退役金，根据移交地方安置的军队退休干部退休生活费调整的情况相应调整增加。

经济比较发达的地区，自主择业军队转业干部的月退役金低于安置地当年党和国家机关相应职务等级退休干部月退休生活费数额的，安置地政府可以发给差额补贴。

自主择业的军队转业干部的退役金，免征个人所得税。

自主择业的军队转业干部，被党和国家机关选用为正式工作人员的，停发退役金。其工资等各项待遇按照本办法第三十四条规定执行。

第四十一条 自主择业的军队转业干部去世后，从去世的下月起停发退役金。区别不同情况，一次发给本人生前10个月至40个月的退役金作为抚恤金和一定数额的退役金作为丧葬补助费。具体办法由有关部门另行制定。

自主择业的军队转业干部的遗属生活确有困难的，由安置地政府按照国家和当地的有关规定发给生活困难补助金。

第四十二条 计划分配的军队转业干部，享受所在单位与其军队职务等级相应或者同等条件人员的政治待遇；自主择业的军队转业干部，享受安置地相应职务等级退休干部的有关政治待遇。

第四十三条 军队转业干部在服现役期间被中央军事委员会授予荣誉称号的，比照全国劳动模范（先进工作者）享受相应待遇；被大军区级单位授予荣誉称号或者荣立一等功，以及被评为全国模范军队转业干部的，比照省部级劳动模范（先进工作者）享受相应待遇。

第六章 培 训

第四十四条 军队转业干部的培训工作，是军队转业干部安置工作的重要组成部分，各级党委、政府和有关部门应当在政策和经费等方面提供必要保障。

第四十五条 对计划分配的军队转业干部应当进行适应性培训和专业培训，有条件的地区也可以在安置前组织适应性培训。培训工作贯彻"学用结合、按需施教、注重实效"和"培训、考核、使用相结合"的原则，增强针对性和实用性，提高培训质量。

军队转业干部培训的规划、组织协调和督促检查工作，由军队转业干部安置工作主管部门负责。

第四十六条 计划分配的军队转业干部的专业培训，由省（自治区、直辖市）按部门或者专业编班集中组织实施，培训时间不少于3个月。

军队转业干部参加培训期间享受接收安置单位在职人员的各项待遇。

第四十七条 自主择业的军队转业干部的就业培训，主要依托军队转业干部培训中心具体实施，也可以委托地方院校、职业培训机构承担具体工作。负责培训的部门应当根据社会人才需求合理设置专业课程，加强定向职业技能培训，以提高自主择业的军队转业干部就业竞争能力。

第四十八条 军队转业干部培训中心,主要承担计划分配的军队转业干部的适应性培训和部分专业培训,以及自主择业的军队转业干部的就业培训。

军队转业干部安置工作主管部门应当加强对军队转业干部培训中心的管理。军队转业干部培训中心从事社会服务的收益,主要用于补助培训经费的不足。

第四十九条 各级教育行政管理部门应当在师资、教学设施等方面,支持军队转业干部培训工作。对报考各类院校的军队转业干部,应适当放宽年龄条件,在与其他考生同等条件下,优先录取;对获二等功以上奖励的,应适当降低录取分数线投档。

第七章 社 会 保 障

第五十条 军队转业干部的住房,由安置地政府按照统筹规划、优先安排、重点保障、合理负担的原则给予保障,主要采取购买经济适用住房、现有住房或者租住周转住房,以及修建自有住房等方式解决。

计划分配的军队转业干部,到地方单位工作后的住房补贴,由安置地政府或者接收安置单位按照有关规定解决。自主择业的军队转业干部,到地方后未被党和国家机关、团体、企业事业单位录用聘用期间的住房补贴,按照安置地党和国家机关与其军队职务等级相应或者同等条件人员的住房补贴的规定执行。

军队转业干部因配偶无住房补贴,购买经济适用住房超过家庭合理负担的部分,个人支付确有困难的,安置地政府应当视情给予购房补贴或者优先提供住房公积金贷款。

军队转业干部住房保障具体办法,按照国家有关规定执行。

第五十一条 军队转业干部的军龄视同社会保险缴费年限。其服现役期间的医疗等社会保险费,转入安置地社会保险经办机构。

第五十二条　计划分配到党和国家机关、团体、事业单位的军队转业干部，享受接收安置单位与其军队职务等级相应或者同等条件人员的医疗、养老、失业、工伤、生育等社会保险待遇；计划分配到企业的军队转业干部，按照国家有关规定参加社会保险，缴纳社会保险费，享受社会保险待遇。

第五十三条　自主择业的军队转业干部，到地方后未被党和国家机关、团体、企业事业单位录用聘用期间的医疗保障，按照安置地党和国家机关与其军队职务等级相应或者同等条件人员的有关规定执行。

第八章　家属安置

第五十四条　军队转业干部随调配偶的工作，安置地党委、政府应当参照本人职务等级和从事的职业合理安排，与军队转业干部同时接收安置，发出报到通知。调入调出单位相应增减工资总额。

对安排到实行合同制、聘任制企业事业单位的军队转业干部随调配偶，应当给予2年适应期。适应期内，非本人原因不得擅自违约解聘、辞退或者解除劳动、聘用合同。

第五十五条 军队转业干部随迁配偶、子女符合就业条件的，安置地政府应当提供就业指导和服务，帮助其实现就业；对从事个体经营或者创办经济实体的，应当在政策上给予扶持，并按照国家和安置地促进就业的有关规定减免税费。

第五十六条 军队转业干部配偶和未参加工作的子女可以随调随迁，各地公安部门凭军队转业干部安置工作主管部门的通知及时办理迁移、落户手续。随迁子女需要转学、入学的，由安置地教育行政管理部门负责安排；报考各类院校时，在与其他考生同等条件下优先录取。

军队转业干部身边无子女的，可以随调一名已经工作的子女及其配偶。

各地在办理军队转业干部及其随调随迁配偶、子女的工作安排、落户和转学、入学事宜时,不得收取国家政策规定以外的费用。

第五十七条 军队转业干部随调随迁配偶、子女,已经参加医疗、养老、失业、工伤、生育等社会保险的,其社会保险关系和社会保险基金,由社会保险经办机构按照国家有关规定一并转移或者继续支付。未参加社会保险的,按照国家和安置地有关规定,参加医疗、养老、失业、工伤、生育等社会保险。

第九章 安置经费

第五十八条 军队转业干部安置经费,分别列入中央财政、地方财政和军费预算,并根据经济社会发展,逐步加大投入。

军队转业干部安置工作涉及的行政事业费、培训费、转业生活补助费、安家补助费和服现役期间的住房补贴,按照现行的经费供应渠道予以保障。

军队转业干部培训经费的不足部分由地方财政补贴。安置业务经费由本级财政部门解决。

第五十九条 自主择业的军队转业干部的退役金,由中央财政专项安排;到地方后未被党和国家机关、团体、企业事业单位录用聘用期间的住房补贴和医疗保障所需经费,由安置地政府解决。

第六十条 军队转业干部安置经费应当专款专用,不得挪用、截留、克扣、侵占,有关职能部门对安置经费的使用情况应当进行监督检查。

第十章 管理与监督

第六十一条 各级党委、政府应当把军队转业干部安置工作纳入目标管理,建立健全领导责任制,作为考核领导班子、领导干部政绩的重要内容和评选双拥模范城(县)的重要条件。

第六十二条　军队转业干部安置工作主管部门主要负责军队转业干部的计划安置、就业指导、就业培训、经费管理和协调军队转业干部的社会保障等工作。

自主择业的军队转业干部，由军队转业干部安置工作主管部门管理，主要负责自主择业的军队转业干部的政策指导、就业培训、协助就业、退役金发放、档案接转与存放，并协调解决有关问题；其他日常管理服务工作，由户口所在街道、乡镇负责。

第六十三条　各级党委、政府应当加强对军队转业干部安置工作的监督检查，坚决制止和纠正违反法律、法规和政策的行为；对拒绝接收军队转业干部或者未完成安置任务的部门和单位，组织、人事、编制等部门可以视情暂缓办理其人员调动、录用和编制等审批事项。

第六十四条　军队转业干部到地方报到前发生的问题，由其原部队负责处理；到地方报到后发生的问题,由安置地政府负责处理,涉及原部队的,由原部队协助安置地政府处理。

对无正当理由经教育仍不到地方报到的军队转业干部,由原部队根据有关规定给予党纪、军纪处分或者其他处罚。

第六十五条 退出现役被确定转服军官预备役的军队转业干部,到地方接收安置单位报到时,应当到当地人民武装部进行预备役军官登记,履行其预备役军官的职责和义务。

第六十六条 凡违反本办法规定,对军队转业干部安置工作造成严重影响的单位和个人,视情节轻重给予批评教育或者处分、处罚;构成犯罪的,依法追究刑事责任。

第十一章　附　　则

第六十七条 中国人民武装警察部队转业干部的安置工作,按照本办法执行。

第六十八条 各省、自治区、直辖市依据

本办法制定实施细则。

第六十九条 本办法自发布之日起施行，适用于此后批准转业的军队干部。以往有关军队转业干部安置工作的规定，凡与本办法不一致的，以本办法为准。

第七十条 本办法由国家军队转业干部安置工作主管部门会同有关部门负责解释。

伤残抚恤管理办法

(2007年7月31日民政部令第34号公布 根据2013年7月5日《民政部关于修改〈伤残抚恤管理办法〉的决定》第一次修订 根据2019年12月16日退役军人事务部令第1号第二次修订)

第一章 总　　则

第一条 为了规范和加强退役军人事务部门管理的伤残抚恤工作,根据《军人抚恤优待条例》等法规,制定本办法。

第二条 本办法适用于符合下列情况的中国公民:

(一)在服役期间因战因公致残退出现役的军人,在服役期间因病评定了残疾等级退出现役的残疾军人；

（二）因战因公负伤时为行政编制的人民警察；

（三）因参战、参加军事演习、军事训练和执行军事勤务致残的预备役人员、民兵、民工以及其他人员；

（四）为维护社会治安同违法犯罪分子进行斗争致残的人员；

（五）为抢救和保护国家财产、人民生命财产致残的人员；

（六）法律、行政法规规定应当由退役军人事务部门负责伤残抚恤的其他人员。

前款所列第（三）、第（四）、第（五）项人员根据《工伤保险条例》应当认定视同工伤的，不再办理因战、因公伤残抚恤。

第三条 本办法第二条所列人员符合《军人抚恤优待条例》及有关政策中因战因公致残规定的，可以认定因战因公致残；个人对导致伤残的事件和行为负有过错责任的，以及其他不符合因战因公致残情形的，不得认定为因战因公致残。

第四条 伤残抚恤工作应当遵循公开、公平、公正的原则。县级人民政府退役军人事务部门应当公布有关评残程序和抚恤金标准。

第二章 残疾等级评定

第五条 评定残疾等级包括新办评定残疾等级、补办评定残疾等级、调整残疾等级。

新办评定残疾等级是指对本办法第二条第一款第（一）项以外的人员认定因战因公残疾性质，评定残疾等级。补办评定残疾等级是指对现役军人因战因公致残未能及时评定残疾等级，在退出现役后依据《军人抚恤优待条例》的规定，认定因战因公残疾性质、评定残疾等级。调整残疾等级是指对已经评定残疾等级，因原致残部位残疾情况变化与原评定的残疾等级明显不符的人员调整残疾等级级别，对达不到最低评残标准的可以取消其残疾等级。

属于新办评定残疾等级的,申请人应当在因战因公负伤或者被诊断、鉴定为职业病3年内提出申请;属于调整残疾等级的,应当在上一次评定残疾等级1年后提出申请。

第六条 申请人(精神病患者由其利害关系人帮助申请,下同)申请评定残疾等级,应当向所在单位提出书面申请。申请人所在单位应及时审查评定残疾等级申请,出具书面意见并加盖单位公章,连同相关材料一并报送户籍地县级人民政府退役军人事务部门审查。

没有工作单位的或者以原致残部位申请评定残疾等级的,可以直接向户籍地县级人民政府退役军人事务部门提出申请。

第七条 申请人申请评定残疾等级,应当提供以下真实确切材料:书面申请,身份证或者居民户口簿复印件,退役军人证(退役军人登记表)、人民警察证等证件复印件,本人近期二寸免冠彩色照片。

申请新办评定残疾等级，应当提交致残经过证明和医疗诊断证明。致残经过证明应包括相关职能部门提供的执行公务证明，交通事故责任认定书、调解协议书、民事判决书、医疗事故鉴定书等证明材料；抢救和保护国家财产、人民生命财产致残或者为维护社会治安同犯罪分子斗争致残证明；统一组织参战、参加军事演习、军事训练和执行军事勤务的证明材料。医疗诊断证明应包括加盖出具单位相关印章的门诊病历原件、住院病历复印件及相关检查报告。

申请补办评定残疾等级，应当提交因战因公致残档案记载或者原始医疗证明。档案记载是指本人档案中所在部队作出的涉及本人负伤原始情况、治疗情况及善后处理情况等确切书面记载。职业病致残需提供有直接从事该职业病相关工作经历的记载。医疗事故致残需提供军队后勤卫生机关出具的医疗事故鉴定结论。原始医疗证明是指原所在部队体系医院出具的能说明致残原因、残疾情况的病情诊断书、出院小结或者门诊病历原件、加盖出具单位相关印章的住院病历复印件。

申请调整残疾等级,应当提交近6个月内在二级甲等以上医院的就诊病历及医院检查报告、诊断结论等。

第八条 县级人民政府退役军人事务部门对报送的有关材料进行核对,对材料不全或者材料不符合法定形式的应当告知申请人补充材料。

县级人民政府退役军人事务部门经审查认为申请人符合因战因公负伤条件的,在报经设区的市级人民政府以上退役军人事务部门审核同意后,应当填写《残疾等级评定审批表》,并在受理之日起20个工作日内,签发《受理通知书》,通知本人到设区的市级人民政府以上退役军人事务部门指定的医疗卫生机构,对属于因战因公导致的残疾情况进行鉴定,由医疗卫生专家小组根据《军人残疾等级评定标准》，出具残疾等级医学鉴定意见。职业病的残疾情况鉴定由省级人民政府退役军人事务部门指定的承担职业病诊断的医疗卫生机构作出；精神病的残疾情况鉴定由省级人民政府退役军人事务部门指定的二级以上精神病专科医院作出。

县级人民政府退役军人事务部门依据医疗卫生专家小组出具的残疾等级医学鉴定意见对申请人拟定残疾等级，在《残疾等级评定审批表》上签署意见，加盖印章，连同其他申请材料，于收到医疗卫生专家小组签署意见之日起20个工作日内，一并报送设区的市级人民政府退役军人事务部门。

县级人民政府退役军人事务部门对本办法第二条第一款第（一）项人员，经审查认为不符合因战因公负伤条件的，或者经医疗卫生专家小组鉴定达不到补评或者调整残疾等级标准的，应当根据《军人抚恤优待条例》相关规定逐级上报省级人民政府退役军人事务部门。对本办法第二条第一款第（一）项以外的人员，经审查认为不符合因战因公负伤条件的，或者经医疗卫生专家小组鉴定达不到新评或者调整残疾等级标准的，应当填写《残疾等级评定结果告知书》，连同申请人提供的材料，退还申请人或者所在单位。

第九条 设区的市级人民政府退役军人事务部门对报送的材料审查后，在《残疾等级评定审批表》上签署意见，并加盖印章。

对符合条件的，于收到材料之日起20个工作日内，将上述材料报送省级人民政府退役军人事务部门。对不符合条件的，属于本办法第二条第一款第（一）项人员，根据《军人抚恤优待条例》相关规定上报省级人民政府退役军人事务部门；属于本办法第二条第一款第（一）项以外的人员，填写《残疾等级评定结果告知书》，连同申请人提供的材料，逐级退还申请人或者其所在单位。

第十条 省级人民政府退役军人事务部门

对报送的材料初审后,认为符合条件的,逐级通知县级人民政府退役军人事务部门对申请人的评残情况进行公示。公示内容应当包括致残的时间、地点、原因、残疾情况(涉及隐私或者不宜公开的不公示)、拟定的残疾等级以及县级退役军人事务部门联系方式。公示应当在申请人工作单位所在地或者居住地进行,时间不少于7个工作日。县级人民政府退役军人事务部门应当对公示中反馈的意见进行核实并签署意见,逐级上报省级人民政府退役军人事务部门,对调整等级的应当将本人持有的伤残人员证一并上报。

省级人民政府退役军人事务部门应当对公示的意见进行审核,在《残疾等级评定审批表》上签署审批意见,加盖印章。对符合条件的,办理伤残人员证(调整等级的,在证件变更栏处填写新等级),于公示结束之日起60个工作日内逐级发给申请人或者其所在单位。对不符合条件的,填写《残疾等级评定结果告知书》，连同申请人提供的材料，于收到材料之日或者公示结束之日起60个工作日内逐级退还申请人或者其所在单位。

第十一条 申请人或者退役军人事务部门对医疗卫生专家小组作出的残疾等级医学鉴定意见有异议的，可以到省级人民政府退役军人事务部门指定的医疗卫生机构重新进行鉴定。

省级人民政府退役军人事务部门可以成立医疗卫生专家小组，对残疾情况与应当评定的残疾等级提出评定意见。

第十二条 伤残人员以军人、人民警察或者其他人员不同身份多次致残的，退役军人事务部门按上述顺序只发给一种证件，并在伤残证件变更栏上注明再次致残的时间和性质，以及合并评残后的等级和性质。

致残部位不能合并评残的，可以先对各部位分别评残。等级不同的，以重者定级；两项（含）以上等级相同的，只能晋升一级。

多次致残的伤残性质不同的，以等级重者

定性。等级相同的，按因战、因公、因病的顺序定性。

第三章　伤残证件和档案管理

第十三条　伤残证件的发放种类：

（一）退役军人在服役期间因战因公因病致残的，发给《中华人民共和国残疾军人证》；

（二）人民警察因战因公致残的，发给《中华人民共和国伤残人民警察证》；

（三）退出国家综合性消防救援队伍的人员在职期间因战因公因病致残的，发给《中华人民共和国残疾消防救援人员证》；

（四）因参战、参加军事演习、军事训练和执行军事勤务致残的预备役人员、民兵、民工以及其他人员，发给《中华人民共和国伤残预备役人员、伤残民兵民工证》；

（五）其他人员因公致残的，发给《中华人民共和国因公伤残人员证》。

第十四条 伤残证件由国务院退役军人事务部门统一制作。证件的有效期：15周岁以下为5年，16-25周岁为10年，26-45周岁为20年，46周岁以上为长期。

第十五条 伤残证件有效期满或者损毁、遗失的，证件持有人应当到县级人民政府退役军人事务部门申请换发证件或者补发证件。伤残证件遗失的须本人登报声明作废。

县级人民政府退役军人事务部门经审查认为符合条件的，填写《伤残人员换证补证审批表》，连同照片逐级上报省级人民政府退役军人事务部门。省级人民政府退役军人事务部门将新办理的伤残证件逐级通过县级人民政府退役军人事务部门发给申请人。各级退役军人事务部门应当在20个工作日内完成本级需要办理的事项。

第十六条 伤残人员前往我国香港特别行政区、澳门特别行政区、台湾地区定居或者其他国家和地区定居前，应当向户籍地（或者原户籍地)县级人民政府退役军人事务部门提出申请,由户籍地(或者原户籍地)县级人民政府退役军人事务部门在变更栏内注明变更内容。对需要换发新证的,"身份证号"处填写定居地的居住证件号码。"户籍地"为国内抚恤关系所在地。

第十七条 伤残人员死亡的,其家属或者利害关系人应及时告知伤残人员户籍地县级人民政府退役军人事务部门,县级人民政府退役军人事务部门应当注销其伤残证件,并逐级上报省级人民政府退役军人事务部门备案。

第十八条 退役军人事务部门对申报和审批的各种材料、伤残证件应当有登记手续。送达的材料或者证件,均须挂号邮寄或者由申请人签收。

第十九条 县级人民政府退役军人事务部门应当建立伤残人员资料档案,一人一档,长期保存。

第四章 伤残抚恤关系转移

第二十条 残疾军人退役或者向政府移交，必须自军队办理了退役手续或者移交手续后60日内，向户籍迁入地的县级人民政府退役军人事务部门申请转入抚恤关系。退役军人事务部门必须进行审查、登记、备案。审查的材料有：《户口登记簿》、《残疾军人证》、军队相关部门监制的《军人残疾等级评定表》、《换领<中华人民共和国残疾军人证>申报审批表》、退役证件或者移交政府安置的相关证明。

县级人民政府退役军人事务部门应当对残疾军人残疾情况及有关材料进行审查，必要时可以复查鉴定残疾情况。认为符合条件的，将《残疾军人证》及有关材料逐级报送省级人民政府退役军人事务部门。省级人民政府退役军人事务部门审查无误的，在《残疾军人证》变更栏内填写新的户籍地、重新编号，并加盖印章,将《残疾军人证》逐级通过县级人民政府退役军人事务部门发还申请人。各级退役军人事务部门应当在20个工作日内完成本级需要办理的事项。如复查、鉴定残疾情况的可以适当延长工作日。

《军人残疾等级评定表》或者《换领〈中华人民共和国残疾军人证〉申报审批表》记载的残疾情况与残疾等级明显不符的,县级退役军人事务部门应当暂缓登记,逐级上报省级人民政府退役军人事务部门通知原审批机关更正,或者按复查鉴定的残疾情况重新评定残疾等级。伪造、变造《残疾军人证》和评残材料的,县级人民政府退役军人事务部门收回《残疾军人证》不予登记,并移交当地公安机关处理。

第二十一条 伤残人员跨省迁移户籍时,应同步转移伤残抚恤关系,迁出地的县级人民政府退役军人事务部门根据伤残人员申请及其伤残证件和迁入地户口簿,将伤残档案、迁入地户口簿复印件以及《伤残人员关系转移证明》，发送迁入地县级人民政府退役军人事务部门，并同时将此信息逐级上报本省级人民政府退役军人事务部门。

迁入地县级人民政府退役军人事务部门在收到上述材料和申请人提供的伤残证件后，逐级上报省级人民政府退役军人事务部门。省级人民政府退役军人事务部门在向迁出地省级人民政府退役军人事务部门核实无误后，在伤残证件变更栏内填写新的户籍地、重新编号，并加盖印章，逐级通过县级人民政府退役军人事务部门发还申请人。各级退役军人事务部门应当在20个工作日内完成本级需要办理的事项。

迁出地退役军人事务部门邮寄伤残档案时，应当将伤残证件及其军队或者地方相关的评残审批表或者换证表复印备查。

第二十二条　伤残人员本省、自治区、直辖市范围内迁移的有关手续，由省、自治区、直辖市人民政府退役军人事务部门规定。

第五章　抚恤金发放

第二十三条　伤残人员从被批准残疾等级评定后的下一个月起,由户籍地县级人民政府退役军人事务部门按照规定予以抚恤。伤残人员抚恤关系转移的,其当年的抚恤金由部队或者迁出地的退役军人事务部门负责发给,从下一年起由迁入地退役军人事务部门按当地标准发给。由于申请人原因造成抚恤金断发的,不再补发。

第二十四条　在境内异地(指非户籍地)居住的伤残人员或者前往我国香港特别行政区、澳门特别行政区、台湾地区定居或者其他国家和地区定居的伤残人员,经向其户籍地(或者原户籍地)县级人民政府退役军人事务部门申请并办理相关手续后,其伤残抚恤金可以委托他人代领,也可以委托其户籍地(或者原户籍地)县级人民政府退役军人事务部门存入其指定的金融机构账户，所需费用由本人负担。

第二十五条　伤残人员本人（或者其家属）每年应当与其户籍地（或者原户籍地）的县级人民政府退役军人事务部门联系一次，通过见面、人脸识别等方式确认伤残人员领取待遇资格。当年未联系和确认的，县级人民政府退役军人事务部门应当经过公告或者通知本人或者其家属及时联系、确认；经过公告或者通知本人或者其家属后60日内仍未联系、确认的，从下一个月起停发伤残抚恤金和相关待遇。

伤残人员（或者其家属）与其户籍地（或者原户籍地）退役军人事务部门重新确认伤残人员领取待遇资格后，从下一个月起恢复发放伤残抚恤金和享受相关待遇，停发的抚恤金不予补发。

第二十六条　伤残人员变更国籍、被取消残疾等级或者死亡的，从变更国籍、被取消残疾等级或者死亡后的下一个月起停发伤残抚恤金和相关待遇，其伤残人员证件自然失效。

第二十七条 有下列行为之一的，由县级人民政府退役军人事务部门给予警告，停止其享受的抚恤、优待，追回非法所得；构成犯罪的，依法追究刑事责任：

（一）伪造残情的；

（二）冒领抚恤金的；

（三）骗取医药费等费用的；

（四）出具假证明，伪造证件、印章骗取抚恤金和相关待遇的。

第二十八条 县级人民政府退役军人事务部门依据人民法院生效的法律文书、公安机关发布的通缉令或者国家有关规定，对具有中止抚恤、优待情形的伤残人员，决定中止抚恤、优待，并通知本人或者其家属、利害关系人。

第二十九条 中止抚恤的伤残人员在刑满释放并恢复政治权利、取消通缉或者符合国家有关规定后，经本人（精神病患者由其利害关系人）申请，并经县级退役军人事务部门审查符合条件的,从审核确认的下一个月起恢复抚恤和相关待遇,原停发的抚恤金不予补发。办理恢复抚恤手续应当提供下列材料:本人申请、户口登记簿、司法机关的相关证明。需要重新办证的,按照证件丢失规定办理。

第六章　附　　则

第三十条　本办法适用于中国人民武装警察部队。

第三十一条　因战因公致残的深化国防和军队改革期间部队现役干部转改的文职人员,因参加军事训练、非战争军事行动和作战支援保障任务致残的其他文职人员,因战因公致残消防救援人员、因病致残评定了残疾等级的消防救援人员,退出军队或国家综合性消防救援队伍后的伤残抚恤管理参照退出现役的残疾军人有关规定执行。

第三十二条　未列入行政编制的人民警察,

参照本办法评定伤残等级,其伤残抚恤金由所在单位按规定发放。

第三十三条 省级人民政府退役军人事务部门可以根据本地实际情况,制定具体工作细则。

第三十四条 本办法自2007年8月1日起施行。

附件:1. 受理通知书
　　　2. 残疾等级评定审批表
　　　3. 残疾等级评定结果告知书
　　　4. 伤残人员换证补证审批表
　　　5. 伤残人员关系转移证明
　　　6. 评定残疾情况公示书

附件1

受理通知书

_____：

你（单位）报来的《关于　　　同志（新办评定、补办评定、调整）残疾等级的请示》和相关材料，已于　　年　　月　　日收悉。经审查，符合评定残疾等级申报有关规定，予以受理。

经办人：

　　　　　_____退役军人事务局（章）

　　　　　　　　年　　月　　日

附件 2

残疾等级评定审批表

姓　　名		性　别		民族		照片
出生年月		身份证号				
入伍时间或者参加工作时间		退伍（退职）时间				
致残时单位					现残等级	
户籍地						
致残时间、地点、原因、部位						

217

续表

残情检查情况	残疾情况： （医院印章） 年　月　日
医疗卫生专家小组意见 （3人以上小组成员签字）	根据《军人残疾等级评定标准》第　条第　款和第　条第　款，建议（新办评定、补办评定、调整）为　　级。 签字： 年　月　日

续表

县级退役军人事务局意见	残疾性质： 申报等级： 负责人签字：	（盖章） 年　月　日
地级退役军人事务局意见	残疾性质： 申报等级： 负责人签字：	（盖章） 年　月　日
省级退役军人事务厅/局意见	残疾性质： 审批等级： 负责人签字：	（盖章） 年　月　日
证书类别		证书编号

219

注：
1. "入伍时间"、"退伍（退职）时间"，仅用于评定残疾军人时填写。
2. "现残疾等级"，仅用于调整残疾等级时填写（大写数字）。
3. "致残时单位"，评定残疾军人、填部队代号；评定伤残人民警察、残疾消防救援人员，填致残时单位；评定其他伤残人员，有单位就填，没有就不填。
4. 如医疗卫生专家小组意见无法在本表填写，可另附体检表或体检报告。

附件3

残疾等级评定结果告知书

_____：

按照《军人抚恤优待条例》《军人残疾等级评定标准》等政策文件，经鉴定，你的残疾等级评定结果如下：

□因没有因战因公致残的档案记载或者原始医疗证明，不予评定残疾等级；

□因残疾情况达不到《军人残疾等级评定标准》，不予评定残疾等级；

□因_____，不予评定残疾等级；

□残疾情况与原定残疾等级相符，不予调整残疾等级；

□残疾情况发生明显变化，符合《军人残疾等级评定标准》第____条第____项，将残疾等级调整为____级，

□残疾情况明显减轻或消失，已经达不到

最低等级评定标准,取消原定的残疾等级。

特此告知。

如今后原评残部位残疾情况发生变化,可提交近6个月内原定残疾等级与残疾情况明显不符的二级甲等以上医院的就诊病历、检查报告、诊断结论等,向户籍地县级人民政府退役军人事务局重新申请评定残疾等级。

<u>　　　</u>退役军人事务局(章)

年　　月　　日

附件 4

伤残人员换证补证审批表

姓 名		出生年月	性 别		照片(2寸)
入伍（参加工作）时间		退伍（退职）时间	证件遗失损毁时间		
残疾性质		残疾等级	原伤残证件号码		
身份证号					
家庭住址					
户籍地址					
证件遗失损毁原因					

223

续表

证件遗失登报声明情况	
县级退役军人事务局意见	（盖章） 年 月 日
地级退役军人事务局意见	（盖章） 年 月 日
省级退役军人事务厅/局意见	（盖章） 年 月 日

附件 5

伤残人员关系转移证明

_____退役军人事务局：

　　兹有我县（市、区）_____户籍已迁入贵县（市、区），根据《伤残抚恤管理办法》有关规定，现将其抚恤关系及档案转至你处，请予接收。

　　____年的抚恤金由我们发至年底，请你们从____年元月起发放抚恤金。

姓　　名			对象类别	
性　　别		身份证号		联系电话
入伍（参加）工作）时间		退伍（退职）时间		负伤时部队或单位
残疾等级		残疾性质		残疾证编号
迁出地户籍			迁入地户籍	
迁出地县级退役军人事务局意见	承办人：　（盖章）　年　月　日		迁入地县级退役军人事务局意见	承办人：　（盖章）　年　月　日

226

续表

迁出地地级退役军人事务局意见	（盖章） 年　月　日	迁入地地级退役军人事务局意见	（盖章） 年　月　日
迁出地省级退役军人事务厅/局意见	（盖章） 年　月　日	迁入地省级退役军人事务厅/局意见	（盖章） 年　月　日

注："对象类别"填"残疾军人"、"伤残人民警察"……

附件 6

评定残疾情况公示书

根据《伤残抚恤管理办法》第十条第一款的规定,现将申请人评残有关情况公示如下,在公示期内,如有异议可通过信函、电话或直接到本局反映该申请人相关情况。

公示时间为 7 个工作日,从   年   月   日至   年   月   日。

姓　名		性　别		出生年月	
工作单位					
住　址					
致残时间					
致残地点					
致残原因					
残疾性质				拟评残疾等级	

续表

| 残疾情况 | |

注：对涉及隐私或不宜公开的，不公示；公示期不计入审批办事时间。

_____退役军人事务局（章）

年　月　日

（联系电话：　　　　　地址：　　　　　）

优抚医院管理办法

（2022年6月28日退役军人事务部、国家卫生健康委员会、国家医疗保障局令第7号公布 自2022年8月1日起施行）

第一条 为了加强优抚医院管理，服务国防和军队建设，推动让退役军人成为全社会尊重的人，让军人成为全社会尊崇的职业，根据《中华人民共和国退役军人保障法》、《中华人民共和国基本医疗卫生与健康促进法》、《军人抚恤优待条例》、《医疗机构管理条例》和国家有关规定，制定本办法。

第二条 优抚医院是国家为残疾退役军人和在服役期间患严重慢性病、精神疾病的退役军人等优抚对象提供医疗和供养服务的优抚事业单位，是担负特殊任务的医疗机构，主要包括综合医院、康复医院、精神病医院等，名称统一为"荣军优抚医院"。

优抚医院坚持全心全意为优抚对象服务的办院宗旨，坚持优抚属性，遵循医疗机构建设和管理规律。

第三条 国务院退役军人工作主管部门负责全国优抚医院工作。县级以上地方人民政府退役军人工作主管部门负责本行政区域内优抚医院工作。

退役军人工作主管部门应当会同卫生健康主管部门加强对优抚医院的指导，为优抚医院医务人员的培训进修等创造条件，支持有条件的优抚医院在医疗、科研、教学等方面全面发展。

第四条 国家兴办优抚医院，所需经费按照事权划分列入各级预算。

第五条 设置优抚医院，应当符合国家有关规定和优抚医院布局规划。

卫生健康主管部门应当会同退役军人工作

主管部门,将优抚医院设置纳入当地医疗机构设置规划统筹考虑。

省级人民政府退役军人工作主管部门应当会同省级人民政府卫生健康主管部门根据优抚对象数量和医疗供养需求情况,适应伤病残退役军人移交安置工作和服务备战打仗需要,制定本行政区域内优抚医院布局和发展规划,并报国务院退役军人工作主管部门和国务院卫生健康主管部门备案。

优抚医院布局和发展规划应当纳入当地经济和社会发展总体规划和卫生健康、医疗保障事业发展规划,建设水平应当与当地经济和社会发展、卫生健康事业发展相适应。

第六条 因符合条件优抚对象数量较少等情形未建设优抚医院的地方,可以采取购买服务等方式,协调当地其他医疗机构为优抚对象提供医疗服务。

优抚医院应当依法履行相关职责,符合条件的按程序纳入基本医疗保险定点医疗机构、工伤保险协议医疗机构、工伤康复协议机构管理范围。

第七条 优抚医院在建设、用地、水电、燃气、供暖、电信等方面依法享受国家有关优惠政策。

鼓励公民、法人和其他组织对优抚医院提供捐助和服务。

优抚医院各项经费应当按照批复的预算执行,接受财政、审计部门和社会的监督。

第八条 对在优抚医院工作中成绩显著的单位和个人,按照国家有关规定给予表彰和奖励。

第九条 优抚医院根据主管部门下达的任务,收治下列优抚对象:

(一)需要常年医疗或者独身一人不便分散供养的一级至四级残疾退役军人;

(二)在服役期间患严重慢性病的残疾退役军人和带病回乡退役军人;

(三)在服役期间患精神疾病,需要住院

治疗的退役军人；

（四）短期疗养的优抚对象；

（五）主管部门安排收治的其他人员。

优抚医院应当在完成主管部门下达的收治任务的基础上，为其他优抚对象提供优先或者优惠服务。

第十条 优抚医院应当为在院优抚对象提供良好的医疗服务和生活保障，主要包括：

（一）健康检查；

（二）疾病诊断、治疗和护理；

（三）康复训练；

（四）健康指导；

（五）辅助器具安装；

（六）精神慰藉；

（七）生活必需品供给；

（八）生活照料；

（九）文体活动。

第十一条 优抚医院应当加强对在院优抚对象的思想政治工作，发挥优抚对象在光荣传统教育中的重要作用。

第十二条 优抚医院针对在院残疾退役军人的残情特点，实施科学有效的医学治疗，探索常见后遗症、并发症的防治方法，促进生理机能恢复，提高残疾退役军人生活质量。

第十三条 优抚医院应当采取积极措施，控制在院慢性病患者病情，减轻其痛苦，降低慢性疾病对患者造成的生理和心理影响。

第十四条 优抚医院对在院精神疾病患者进行综合治疗，促进患者精神康复。

对精神病患者实行分级管理，预防发生自杀、自伤、伤人、出走等行为。

第十五条 优抚医院应当规范入院、出院程序。

属于第九条规定收治范围的优抚对象，可以由本人（精神病患者由其利害关系人）提出申请，或者由村（社区）退役军人服务站代为提出申请，经县级人民政府退役军人工作主管部门审核，由优抚医院根据主管部门下达的任务和计划安排入院。省级人民政府退役军人工作主管部门可以指定优抚医院收治符合条件的优抚对象。

在院优抚对象基本治愈或者病情稳定，符合出院条件的，由优抚医院办理出院手续。

在院优抚对象病故的，优抚医院应当及时报告主管部门，并协助优抚对象常住户口所在地退役军人工作主管部门妥善办理丧葬事宜。

第十六条　优抚医院应当按照国家有关规定建立健全病历管理制度，设置病案管理部门或者配备专兼职人员，负责病历和病案管理工作。

第十七条　退役军人工作主管部门应当定期组织优抚医院开展巡回医疗活动，积极为院外优抚对象提供医疗服务。

第十八条　优抚医院应当在做好优抚对象服务工作的基础上，积极履行医疗机构职责，发挥自身医疗专业特长，为社会提供优质医疗服务。

优抚医院应当通过社会服务提升业务能力，改善医疗条件，不断提高医疗和供养水平。

第十九条 优抚医院在设置审批、登记管理、命名、执业和监督等方面应当符合国家有关医疗机构管理的法律法规和相关规定，执行卫生健康主管部门有关医疗机构的相关标准。

第二十条 优抚医院实行党委领导下的院长负责制，科室实行主任（科长）负责制。

第二十一条 优抚医院应当加强党的建设，充分发挥基层党组织战斗堡垒作用和党员先锋模范作用，促进思想政治和医德医风建设。

第二十二条 优抚医院实行国家规定的工资制度，合理确定医务人员薪酬水平，完善内部分配和激励机制，促进医务人员队伍建设。

第二十三条 优抚医院建立职工代表大会制度，保障职工参与医院的民主决策、民主管理和民主监督。

第二十四条 优抚医院应当树立现代管理理念，推进现代化、标准化、信息化建设；强化重点专科建设，发挥专业技术优势；建立完整的医护管理、感染控制、药品使用、医疗事故预防和安全、消防等规章制度，提高医院管理水平。

第二十五条 优抚医院实行岗位责任制，设立专业技术类、管理类、工勤技能类等岗位并明确相关职责；实行24小时值班制度，按照医院分级护理等有关要求为收治对象提供护理服务。

第二十六条 优抚医院应当完善人才培养和引进机制，积极培养和引进学科带头人，同等条件下优先聘用曾从事医务工作的退役军人，建立一支适应现代化医院发展要求的技术和管理人才队伍。

第二十七条 优抚医院应当加强与军队医院、其他社会医院、医学院校的合作与交流，开展共建活动，在人才、技术等领域实现资源共享和互补。

第二十八条 优抚医院应当加强医院文化

建设,积极宣传优抚对象的光荣事迹,形成有拥军特色的医院文化。

第二十九条　优抚医院的土地、房屋、设施、设备和其他财产归优抚医院管理和使用,任何单位和个人不得侵占。

侵占、破坏优抚医院财产的,由当地人民政府退役军人工作主管部门责令限期改正;造成损失的,依法承担赔偿责任。

第三十条　优抚对象应当遵守优抚医院各项规章制度,尊重医护人员工作,自觉配合医护人员的管理。对违反相关规定的,由优抚医院或者主管部门进行批评教育,情节严重的,依法追究相应责任。

第三十一条　优抚医院违反本办法规定,提供的医疗和供养服务不符合要求的,由优抚医院主管部门责令改正;逾期不改正的,对直接负责的责任人和其他主管人员依法给予处分;造成损失的,依法承担责任。

优抚医院造成收治对象人身损害或发生医

疗事故、医疗纠纷的,应当依法处置。

优抚医院违反国家有关医疗机构管理的法律法规和相关规定的,由县级以上地方人民政府卫生健康主管部门依法依规处理。

第三十二条 承担优抚对象收治供养任务的其他医疗机构对优抚对象的诊疗服务工作,可以参照本办法有关规定执行。

第三十三条 本办法自2022年8月1日起施行。

优抚对象医疗保障办法

(2022年6月16日 退役军人部发〔2022〕49号)

第一条 为保障优抚对象医疗待遇,切实解决优抚对象医疗困难问题,根据《中华人民共和国退役军人保障法》、《中华人民共和国军人地位和权益保障法》、《军人抚恤优待条例》等有关规定,制定本办法。

第二条 本办法适用于享受国家定期抚恤补助的在乡复员军人、参战退役军人、参试退役军人、带病回乡退役军人、烈士遗属、因公牺牲军人遗属、病故军人遗属。以上人员在本办法中简称优抚对象。

第三条 坚持待遇与贡献匹配、普惠与优待叠加原则,优抚对象按规定参加基本医疗保险并享受相应的医疗救助、医疗补助和医疗优待。

第四条 优抚对象按照属地原则相应参加职工基本医疗保险、城乡居民基本医疗保险等，享受国家基本医疗保障。各地要进一步健全完善优抚对象医疗补助制度，保障水平应与当地经济发展水平和财政承受能力相适应，保证优抚对象现有医疗待遇不降低。优抚对象就医按规定享受优惠和照顾。

第五条 已就业的优抚对象，参加职工基本医疗保险，按规定缴费。当地退役军人事务部门应督促优抚对象所在单位按规定缴费，所在单位确有困难的，各地应通过多渠道筹资帮助其缴费。

第六条 未就业的优抚对象，可按规定参加基本医疗保险。符合城乡医疗救助资助参保条件的优抚对象，由其户籍所在地医疗保障部门通过城乡医疗救助基金对其参加城乡居民基本医疗保险的个人缴费部分给予补贴。其他参加城乡居民基本医疗保险个人缴费确有困难的优抚对象，可由其户籍所在地政府安排资金帮助缴费。

第七条　参加上述基本医疗保障制度但个人医疗费用负担较重的优抚对象，按规定享受城乡医疗救助和优抚对象医疗补助。

第八条　优抚对象按规定在户籍所在地享受优抚对象医疗补助，医疗补助所需资金由当地退役军人事务部门根据本地经济发展水平、财政承受能力、优抚对象医疗费实际支出等因素测算，经同级财政部门审核确定后，列入当年财政预算。各地应通过财政预算安排、社会捐赠等多种渠道，筹集优抚对象医疗补助资金。医疗补助资金单独列账。

第九条　优抚对象到医疗机构就医时按规定享受优待服务。

优抚对象在优抚医院享受优惠体检和优先就诊、检查、住院等服务，并免除普通门诊挂号费。

鼓励和引导医疗机构自愿减免有关医疗服务费用。

第十条 各地应当积极推进基本医疗保险、大病保险、医疗救助、优抚对象医疗补助"一站式"费用结算，努力实现资源协调、信息共享、结算同步，减轻优抚对象医疗费用垫付压力。

第十一条 医疗机构应公开对优抚对象优先、优惠的医疗服务项目；完善并落实各项诊疗规范和管理制度，合理检查、合理用药、合理诊疗、合理收费。医保定点医疗机构应严格执行医保药品、医用耗材和医疗服务项目等目录，优先配备使用医保目录内药品。

第十二条 优抚对象医疗保障工作由退役军人事务、财政、卫生健康、医疗保障等部门管理并组织实施，各部门应密切配合，切实履行各自职责。

第十二条 退役军人事务部门应当严格优抚对象的审核工作，组织发放优抚对象医疗补助，会同有关部门做好优抚对象医疗补助结算，研究处理医疗保障工作中遇到的具体问题；按预算管理要求编制年度优抚对象医疗补助资金预算，报同级财政部门审核；采取有效措施，确保优抚对象医疗补助资金按规定使用。

第十四条　财政部门应合理安排优抚对象医疗补助资金，并会同有关部门加强资金管理和监督检查。省级财政要切实负起责任，减轻基层压力。中央财政按规定对优抚对象医疗保障经费给予适当补助。

第十五条　卫生健康部门应组织医疗机构为优抚对象提供优质医疗服务；加强对医疗机构的监督管理，规范医疗服务，提高服务质量，保障医疗安全；支持、鼓励和引导医疗机构制定相关优待服务政策，落实优质服务措施。

第十六条　医疗保障部门应将符合条件的优抚对象纳入职工基本医疗保险、城乡居民基本医疗保险、医疗救助制度覆盖范围；做好已参保优抚对象的医疗保障服务管理工作，按规定保障参保优抚对象享受相应的医疗保险、医疗救助待遇。

第十七条 有关单位、组织和个人应如实提供所需情况，积极配合优抚对象医疗保障的调查核实工作。

第十八条 各省、自治区、直辖市退役军人事务、财政、卫生健康、医疗保障部门可以根据本办法并结合本地区实际制定具体实施办法，切实保障优抚对象医疗待遇的落实。具有双重或多重身份的优抚对象，按照就高原则享受医疗待遇。

第十九条 本办法由退役军人事务部会同财政部、国家卫生健康委和国家医保局解释。

第二十条 本办法自印发之日起施行。2007年7月6日民政部、财政部、原劳动和社会保障部、原卫生部印发的《优抚对象医疗保障办法》同时废止。

退役军人逐月领取退役金安置办法

(2021年12月24日 退役军人部发〔2021〕82号)

第一章 总 则

第一条 为规范退役军人逐月领取退役金安置工作,根据《中华人民共和国退役军人保障法》等有关法律法规,制定本办法。

第二条 本办法适用于以逐月领取退役金方式安置的退役军官和退役军士。

第三条 逐月领取退役金安置,坚持突出服役贡献、体现尊重优待、鼓励就业创业、纳入社会保障的原则。

第四条 国务院退役军人工作主管部门负

责统筹全国逐月领取退役金退役军人接收安置工作。省级人民政府退役军人工作主管部门根据国家下达的逐月领取退役金退役军人安置计划进行档案审核和安置地审定。市、县级人民政府退役军人工作主管部门负责本行政区域内逐月领取退役金退役军人接收安置、服务管理、教育培训、就业创业扶持、退役金核准发放等工作。

中央军委政治工作部门负责统筹全军逐月领取退役金退役军人审核移交工作。军队团级以上单位有关部门负责本单位逐月领取退役金退役军人档案整理、服役情形认定、退役金核定等工作。省军区（卫戍区、警备区）负责全军安置到所在省（自治区、直辖市）逐月领取退役金退役军人的移交，并配合当地做好接收安置工作。

中央和国家机关有关部门、各地有关部门、军队有关单位在各自职责范围内做好相关工作。

第二章　安置对象和安置地

第五条　大校以下军官退役时符合下列条件之一的，由本人申请，经审核批准后可以逐月领取退役金方式安置：

（一）担任军官满 16 年的；

（二）担任军士和军官累计满 16 年的；

（三）服役满 20 年的；

（四）直接选拔招录军官、特招入伍军官晋升（授予）少校以上军衔后达龄退役的。

第六条　军士退役时符合下列条件之一的，由本人申请，经审核批准后可以以逐月领取退役金方式安置：

（一）担任军士满 16 年的；

（二）服役满 18 年的；

（三）晋升（授予）四级军士长以上军衔后，在本衔级服役满 6 年且服役累计满 14 年的。

第七条 军官、军士有下列情形之一的，不以逐月领取退役金方式安置：

（一）超过 50 周岁且可以作退休安置的；

（二）因伤残可以作退休安置或者经医学鉴定基本丧失工作能力的；

（三）受审查尚未作出结论或者留党察看期未满的；

（四）被开除党籍或者因故意犯罪受刑事处罚的；

（五）法律法规规定的其他原因不宜作逐月领取退役金安置的。

第八条 逐月领取退役金的退役军官、退役军士可以在本人原籍、入伍地或者入伍时户口所在地安置，也可以按照下列情形选择安置地：

（一）可以在配偶随军前、结婚时或者现户口所在地安置，无配偶的可以比照驻地军人配偶随军条件在驻地安置；可以在本人父母或者配偶父母任何一方户口所在地安置，本人父母双方或者一方为军人的,可以在父母任何一方的原籍、入伍地或者离退休安置地安置;军官符合规定条件的,可以在子女户口所在地安置,军官、军士的子女为现役军人且符合驻地军人配偶随军条件的,也可以在子女部队驻地安置。其中,随配偶或者配偶父母安置的,须符合军队有关现役军人结婚的规定。

(二) 夫妻同为军官的,双方或者一方以逐月领取退役金方式安置,可以在任何一方的部队驻地、原籍、入伍地或者入伍时户口所在地安置;夫妻一方为军官,另一方为当年符合安排工作、逐月领取退役金、退休或者供养条件的军士,双方或者一方以逐月领取退役金方式安置,可以在任何一方的部队驻地、原籍、入伍地或者入伍时户口所在地安置;夫妻同为军士的,双方或者一方以逐月领取退役金方式安置,可以在符合随军条件一方的部队驻地安置。

(三) 国家规定的其他情形。

易地安置落户在国务院确定的超大城市的

退役军官,应当符合国家和军队关于退役军官在该超大城市安置落户的有关规定;易地安置落户在国务院确定的超大城市的退役军士,应当结婚满 2 年且符合该超大城市关于落户的相关政策规定。入伍时是普通高等学校在校学生的退役军官、退役军士,退役后不复学的,其安置地为入学前的户口所在地。

第三章　退役金发放与调整

第九条　退役金区分国家法定退休年龄前后两个阶段发放。达到国家法定退休年龄前,按照规定逐月发放退役金;达到国家法定退休年龄后,按照规定享受基本养老金、职业年金等养老保险待遇,并继续保留一定比例退役金发放终身。

第十条　依据本办法出台当年军人工资、全国城镇单位就业人员平均工资,综合考虑军官、军士队伍建设和退役军人安置实际,确定退役金计发基数,具体标准见附表1。

第十一条　国家建立退役金调整机制。根据经济社会发展水平、财力状况等因素,参照企业和机关事业单位退休人员基本养老金调整幅度和频次,调整退役金。

第十二条　退役金根据担任军官、军士年限,按照计发基数一定比例确定,具体计发比例按照下列规定执行:

(一)担任军官满16年或者担任军士和军官累计满16年的退役军官,退役金按照计发基数的60%确定;超过16年的,每多1年计发比例增加2%;符合本办法第五条第四项规定,不满16年的,每少1年计发比例减少2%。

(二)担任军士满16年的退役军士,退役金按照计发基数的50%确定;超过16年的,每多1年计发比例增加2%;符合本办法第六条第三项规定,不满16年的,每少1年计发比例减少2%。

第十三条　对获得军队功勋荣誉表彰,以

及长期在艰苦边远地区和特殊岗位服役的退役军官、退役军士，按照计发基数一定比例增发退役金，具体增发比例按照下列规定执行：

（一）服役期间获得三等功、二等功、一等功的，计发比例分别增加2%、4%、8%；获得四等战功、三等战功、二等战功、一等战功的，计发比例分别增加2%、4%、8%、12%；获得勋章、荣誉称号的，计发比例增加15%；获得二级表彰并经批准的、一级表彰的，分别按照二等战功、一等战功标准增加退役金计发比例。多次获得功勋荣誉表彰的，计发比例可以累加，累加比例不超过15%；同一等级功勋荣誉表彰累加的增发比例，不超过上一等级的增发比例；同一事由获得两次以上功勋荣誉表彰的，增发比例就高执行。

（二）在西藏自治区、三类以上艰苦边远地区服役满10年的，计发比例增加5%；超过10年的，在西藏自治区和八类、五类、四类、三类艰苦边远地区每多1年计发比例分别再增加 2%、1.5%、1.2%、0.8%、0.5%。在特类岛、一类岛、二类岛服役，分别参照在五类、四类、三类艰苦边远地区服役的相关标准增加计发比例。同一地区符合艰苦边远地区和海岛两种增发情形的就高执行。

在上述地区服役增发退役金的比例可以累加，除安置在上述地区外，累加比例不超过 15%。

（三）在飞行、舰艇、涉核岗位服役满 10 年的，计发比例增加 5%。担任作战部队师、旅、团、营级单位主官累计满 3 年的退役军官，计发比例增加 2%。

第十四条 按照本办法第十二条和第十三条规定计算的退役金计发比例，累计不得超过 100%。

第十五条 逐月领取退役金的退役军人在西藏自治区、三类以上艰苦边远地区服役满 10 年，安置在上述地区，且按照规定缴纳基本养老保险费的，达到国家法定退休年龄前发给地区补助,具体标准见附表2。地区补助标准随国家艰苦边远地区津贴标准调整,其中西藏自治区补助标准按照六类艰苦边远地区津贴标准相应调整。

达到国家法定退休年龄前,在上述地区无实际工作生活情形连续超过12个月,或者本人户籍迁出上述地区的,自下月起停发地区补助。

第十六条 逐月领取退役金的退役军人,达到国家法定退休年龄时,保留当月退役金(含艰苦边远地区补助)的一定比例,自下月起按照规定发放终身。其中,担任军官、军士16年的保留20%,每多1年保留比例增加1%,每少1年保留比例减少1%,保留比例不超过25%。在海拔3500米以上地区服役且安置在该类地区的,在该类地区每服役1年保留比例再增加1%,最多不超过10%。

保留的退役金按照本办法第十一条规定调整。

第十七条 确定退役金计发比例以及相关

待遇时，担任军官和军士年限、服役年限，以及艰苦边远地区服役年限、特殊岗位服役年限等，不满12个月的按月折算。年限起止时间按照任职命令确定。

本办法关于军官、军士服役时间（含在艰苦边远地区和特殊岗位服役时间），均不包含受刑事处罚服刑时间以及批准退役后滞留部队时间。

第十八条　逐月领取退役金的退役军人被录用为公务员或者聘用为事业单位工作人员的，自被录用、聘用下月起停发退役金，其社会保险按照国家规定转移接续。

逐月领取退役金的退役军人违法犯罪的，按照国家有关规定中止、降低或者取消退役金，其社会保险待遇按照国家有关规定执行。

第四章　相关待遇保障

第十九条　逐月领取退役金的退役军人，依据其军衔等级、服役贡献等享受着制式军装参加重大庆典活动，以及去世后根据条件安葬在军人公墓等国家法律法规明确的政治待遇。

退役军人党员管理按照有关规定执行。

第二十条 逐月领取退役金的退役军人基本养老保险和职业年金补助，按照安置到企业的退役军人办法计算。保险关系、补助资金根据国家和军队有关规定转移。退役后就业的按照国家有关规定接续缴纳基本养老保险费，未就业的可以以灵活就业人员身份参加基本养老保险。符合国家规定基本养老保险待遇领取条件的，享受养老保险待遇。

第二十一条 逐月领取退役金的退役军人按照规定参加安置地基本医疗保险，享受相应的医疗保险待遇。退役时，医疗保险关系按照规定转移至安置地医疗保障经办机构，服役期间个人账户资金按照规定转入本人新的账户。退役后因个人身心状况、家庭实际困难等原因无法就业的，参加职工基本医疗保险单位缴费部分由安置地退役军人工作主管部门向当地医疗保险费征收机构缴纳，所需经费由安置地人民政府解决；个人缴费部分由个人按照规定缴纳。逐月领取退役金的退役军官在参加职工基本医疗保险的基础上，参照公务员医疗补助标准，享受相应待遇。

第二十二条　逐月领取退役金的退役军人，享受国家和军队有关规定明确的住房待遇。服役期间的住房公积金，按照规定在其离队时根据本人意愿可以一次性发给本人，也可以转移接续到安置地。转移接续到安置地的，可按照安置地规定享受使用权益。符合条件的人员申请安置地保障性住房时，同等条件下予以优先安排。

第二十三条　逐月领取退役金的退役军人，享受国家扶持退役军人就业创业和教育培训的各项优先优惠政策。因身体状况、技能水平等原因未能就业，以及连续失业一定时间仍未就业的，地方各级人民政府提供有针对性的职业介绍、就业指导等服务；符合就业困难人员条件的，按照规定享受社会保险补贴、公益性岗位安置等就业援助政策。

第二十四条　采取逐月领取退役金方式安置的退役军官和符合随军条件的退役军士，其配偶子女随调随迁入学等，分别按照转业军官和安排工作退役军士有关规定执行。

第二十五条　逐月领取退役金的退役军人去世的，按照国家有关规定发给抚恤金和丧葬补助费，其基本养老、基本医疗保险个人账户和军人职业年金账户资金余额可以继承。

第二十六条　逐月领取退役金退役军人的退役金、地区补助、教育培训、服务管理经费等，由中央和地方按照财政事权和支出责任划分分别承担。

第五章　附　　则

第二十七条　中国人民武装警察部队退役警官、退役警士适用本办法。

本办法有关军官的规定适用于军队文职干部。

在军官制度改革中未参加等级转换的退役军官,参照本办法执行。

新的士兵制度施行后,对应套改新军衔后的军士,适用本办法。

第二十八条 本办法由退役军人事务部和中央军委政治工作部负责解释。

第二十九条 本办法自发布之日起施行。

附表 1

退役军官退役金计发基数表（2021 年）

军衔	待遇级别	计发基数（元）	军衔	待遇级别	计发基数（元）
上尉	待遇级别 17	10,500	中校	待遇级别 13	12,050
	待遇级别 16	10,700		待遇级别 12	12,630
	待遇级别 15	10,900		待遇级别 11	12,850
	待遇级别 14	11,100		待遇级别 10	13,300
少校	待遇级别 16	11,000	上校	待遇级别 11	13,400
	待遇级别 15	11,100		待遇级别 10	14,100
	待遇级别 14	11,300		待遇级别 9	14,400
	待遇级别 13	11,550	大校	待遇级别 8	15,100
	待遇级别 12	11,900		待遇级别 9	14,760
				待遇级别 8	15,500

续表

备注	1. 中校（营级正职），待遇级别15级，退役金计发基数执行少校计发基数；中校（营级正职），待遇级别14级，退役金计发基数执行少校计发基数；中校（营级正职），待遇级别14级，退役金计发基数执行少校计发基数。
2. 未实行等级转换退役军官的计发基数，上尉副连级、正连级，副营级对应执行上尉副连级和正连级；少校副营级、正营级，副团级对应执行中校待遇级别13级、11级标准；中校副团级、正团级，副师级对应执行上校待遇级别11级、9级标准；大校副师级、正师级对应执行大校待遇级别9级、8级标准。
3. 退役文职干部计发基数，文职7级科员，副科级对应执行上尉待遇级别17级、16级标准；文职6级副科级、正科级，副处级对应执行少校待遇级别16级、15级、13级标准；文职5级副处级、正处级对应执行中校待遇级别13级、11级标准；文职4级正处级、副厅局级对应执行上校待遇级别11级、9级标准；文职3级副局级、正局级，对应执行大校待遇级别9级、8级标准。
4. 未实行等级转换专业技术退役军官和退役文职专业技术干部的计发基数，按照上述第2、3条相当待遇的退役军官和退役文职干部标准执行。
5. 低于本表明确的待遇级别的，计发基数执行大校待遇级别17级标准。高于本表明确的待遇级别的，计发基数执行大校待遇级别8级标准。

264

退役军士退役金计发基数表（2021年）

军衔		衔级年限	计发基数（元）	军衔	衔级年限	计发基数（元）
四级军士长		6年	8,800	二级军士长	4年	10,400
		7年	8,900		5年	10,600
		8年	9,000		6年	10,800
三级军士长		4年	9,350	一级军士长	4年	11,450
		5年	9,550		5年	11,650
		5年	9,750		6年	11,850
备注	1. 退役军士军衔低于四级军士长的，计发基数按照四级军士长最低标准执行。 2. 在本衔级服役时间，低于本表明确的衔级最低年限的，按照衔级最低年限标准执行；高于本表明确的衔级最高年限的，按照衔级最高年限标准执行。					

265

附表 2

安置在西藏和艰苦边远地区补助标准表（2021 年）

地区补助标准（元/月）

类别	军衔	西藏自治区				六类地区	五类地区	四类地区	三类地区
		四类	三类	二类				
军官	大校	10,780	10,290	9,800		4,160	3,300	1,900	1,200
	上校	10,450	9,975	9,500		3,700	3,100	1,700	1,000
	中校	9,460	9,030	8,600		3,600	2,700	1,500	850
	少校	8,800	8,400	8,000		3,500	2,280	1,300	710
	上尉以下	7,150	6,825	6,500		3,320	2,030	1,100	615
军士	三级军士长以上	6,160	5,880	5,600		3,320	2,030	1,100	615
	四级军士长以下	5,236	4,998	4,760		3,120	1,870	1,000	545

续表

| 备注 | 1. 安置在新疆天空、塔什库尔干地区的，执行西藏自治区四类补助标准。
2. 安置在西沙群岛、中建岛、南沙群岛的，分别执行四类地区、五类地区、六类地区补助标准。
3. 中校（营级正职）和未实行等级转换的营级退役军官，执行少校补助标准；未实行等级转换的副团级、正团级、师级退役军官，分别执行中校、上校、大校补助标准；文职 7 级执行上尉补助标准，正团级、正科级执行少校补助标准，文职 6 级、5 级副处执行中校补助标准，文职 5 级、4 级正处执行上校补助标准，文职 4 级、3 级局级执行大校补助标准。未实行等级转换的专业技术退役军官，按照相当待遇归退役军官标准执行。 |

逐月领取退役金
退役军人服务管理规定

(2022 年 退役军人部发〔2022〕43 号)

第一章 总 则

第一条 为规范逐月领取退役金退役军人服务管理工作，根据《中华人民共和国退役军人保障法》、《退役军人逐月领取退役金安置办法》等法律政策，制定本规定。

第二条 本规定所称逐月领取退役金退役军人，是指按照《退役军人逐月领取退役金安置办法》退出现役并以逐月领取退役金方式安置的军队退役人员。

第三条 逐月领取退役金退役军人服务管理工作坚持政治引领、关心关爱、服务优先、依法管理的原则。

第四条 逐月领取退役金退役军人服务管理坚持党的领导，由退役军人事务部门主管，退役军人服务中心、站（以下统称退役军人服务机构）组织实施。

退役军人事务部门负责逐月领取退役金退役军人服务管理工作，及时协调解决问题，监督检查相关法规政策落实情况。

退役军人服务机构承担逐月领取退役金退役军人日常服务管理工作。

第二章　服务管理内容

第五条 退役军人事务部门、退役军人服务机构应当加强对逐月退役军人的思想政治教育和保密教育提醒，引导其继续发扬人民军队优良传统，坚决拥护党的路线方针政策，模范遵守宪法和法律法规，永保政治本色。

第六条 退役军人服务机构应当协助所在

街道、乡镇党组织加强对逐月领取退役金退役军人党员的教育管理，督促履行党员义务。

逐月领取退役金退役军人党员所在党组织每年对其参加组织生活、缴纳党费及日常表现等情况提出的评定意见，可作为退役军人事务部门确定其政治荣誉、优待服务的参考依据。

第七条　接收安置工作实行先转接党员组织关系、后办理报到手续的程序。市、县级退役军人事务部门、退役军人服务机构应当主动协调相关部门组织做好逐月领取退役金退役军人党员组织关系转接、办理落户、社会保险关系转接、住房公积金转接、预备役登记、开设银行账户等工作。有条件的地方提供"一站式"服务，提高办事效率，优化服务质量，方便逐月领取退役金退役军人办理接收安置手续。

第八条　县级退役军人事务部门、退役军人服务机构应当做好逐月领取退役金退役军人人事档案存放工作，建立健全入档、保管、查阅、复制、转接等制度，定期开展档案安全检查,按照规定建立数字档案。

第九条 市、县级退役军人服务机构应当建立逐月领取退役金退役军人年度登记审核制度,每年1月至3月采取现场或互联网的方式对逐月领取退役金退役军人提供的参加党组织生活、参加社团、出入国境、奖惩情况等信息进行审核。对年度登记审核通过的,按规定落实相关待遇;对年度登记审核未通过的,及时通知逐月领取退役金退役军人补正有关信息;对发现的苗头性问题,及时约谈提醒、教育引导。

第十条 退役军人事务部门按照有关规定为逐月领取退役金退役军人发放和调整退役金。

第十一条 退役军人事务部门在接收逐月领取退役金退役军人时举行迎接仪式,按国家有关规定组织逐月领取退役金退役军人参加重大庆典活动、对有突出贡献的给予表彰奖励,协调有关部门将符合条件的逐月领取退役金退役军人编入地方志。

第十二条 退役军人事务部门、退役军人服务机构落实常态化联系退役军人制度,定期联系逐月领取退役金退役军人,开展走访慰问活动,及时掌握思想、工作、生活等情况,传递党和政府的关心关爱。

对患有严重疾病、遭遇重大突发情况等导致生活困难的逐月领取退役金退役军人,按规定给予帮扶援助。

第十三条 退役军人事务部门、退役军人服务机构扶持逐月领取退役金退役军人就业创业,鼓励其结合自身优势,在基层治理、稳边固边、国防教育、志愿服务等方面发挥积极作用。

第三章 服务管理方式

第十四条 退役军人服务机构应当建立健全逐月领取退役金退役军人服务管理工作制度,不断提升服务管理水平。

第十五条 退役军人服务机构应当完善服

务管理网络,发挥服务站点末梢作用,探索开展网格化管理,实现逐月领取退役金退役军人服务管理的全覆盖。

第十六条　退役军人服务机构应当按照退役军人事务部门制定的规范标准,推进服务管理工作的标准化建设,确保规范运行。

第十七条　退役军人事务部门、退役军人服务机构应当加强信息化建设,发挥安置服务管理信息系统等信息化平台作用,提高服务管理效能。

第十八条　逐月领取退役金退役军人已就业的,退役军人服务机构引导用人单位依据国家法律政策做好服务管理工作、及时告知重要情况。

第十九条　退役军人服务机构鼓励和支持逐月领取退役金退役军人加强自我教育、自我服务、自我管理,可以遴选政治过硬、身体健康、经验丰富、能力较强的逐月领取退役金退役军人在自我服务管理中发挥带头作用。

第四章　服务管理保障

第二十条　退役军人事务部门、退役军人服务机构应当加强自身队伍建设，县级以上退役军人服务中心明确责任处（科）室、乡镇（街道）退役军人服务站明确专人负责相关服务管理工作。有条件的地方可以引进专业化社会服务力量提升服务效能。

第二十一条　退役军人事务部门、退役军人服务机构应当加强能力建设，通过政治教育、业务培训、岗位练兵等方式，提升工作人员思想政治素质、政策业务水平和服务管理能力。

第二十二条　逐月领取退役金退役军人服务管理经费，由中央和地方按照财政事权和支出责任划分分别承担，用于服务管理相关工作。

第二十三条　退役军人事务部门应当建立逐月领取退役金退役军人服务管理工作考核评价制度，纳入年度工作绩效和领导班子考核。

对做出突出贡献的单位和个人,按照国家有关规定给予表彰、奖励。

第二十四条 退役军人事务部门、退役军人服务机构应当加强对工作人员的作风纪律监督,引导其树牢满腔热忱为退役军人服务的意识。对政策落实不到位、工作推进不力的单位和人员,按照相关规定追究责任。

第五章　附　　则

第二十五条 本规定由退役军人事务部、财政部负责解释。

第二十六条 本规定自发布之日起施行。

困难退役军人帮扶援助工作规范

(2025年1月20日 退役军人部发〔2025〕6号)

第一条 根据《中华人民共和国退役军人保障法》等法律法规规定和退役军人事务部、民政部、财政部、住房和城乡建设部、国家医疗保障局《关于加强困难退役军人帮扶援助工作的意见》(退役军人部发〔2019〕62号)等政策文件精神,结合工作实际,制定本规范。

第二条 本规范所称困难退役军人是指因服役期间致残、患有严重疾病、长期失业、旧伤复发、重大突发事件、重大家庭变故等原因,导致生活出现严重困难的退役军人和其他符合条件的优抚对象。

第三条 退役军人帮扶援助工作综合考虑

退役军人生活困难程度、服现役期间所作贡献和现实表现，确定相应的帮扶顺序，发放帮扶资金物资防止搞平均主义。同等困难条件下向参战、获得功勋荣誉表彰、在艰苦边远地区和特殊岗位服役的退役军人倾斜，树立服役贡献越大、关爱帮扶越好的鲜明导向。优军优抚基本公共服务由户籍地提供逐步调整为常住地提供。

第四条 退役军人事务部每年与民政部进行1次数据比对，由各地退役军人事务部门组织摸排核实后，纳入全国困难退役军人帮扶援助服务系统，确保帮扶援助信息的真实准确。

第五条 退役军人服务中心（站）通过日常走访、定期摸排等方式，准确把握困难退役军人思想动态、生活情况和家庭状况，摸清急难愁盼问题，及时将相关信息录入全国困难退役军人帮扶援助服务系统。对老弱病残、鳏寡孤独等特殊困难群体，经常性上门走访，帮助解决实际困难。

退役军人事务部门要把困难退役军人帮扶援助工作作为民生实事的重要内容,对各类困难事项实行台账式、清单化管理。

第六条 民政部门将符合条件的退役军人及其家庭纳入最低生活保障、特困人员救助供养范围。低保边缘家庭中的退役军人重病重残的,经个人申请,可按照单人户纳入低保范围。落实优待抚恤金不计入家庭收入等有关政策规定,用足用好社会救助政策。

第七条 卫生健康部门指导辖区医疗机构对一时无力承担医疗费用且符合帮扶援助条件的困难退役军人,采取一事一议的方式,实行免除住院押金等举措。

医疗保障部门对纳入低保、特困、返贫致贫人口范围的退役军人实施大病保险降低起付标准、提高支付比例、取消最高支付限额等倾斜支付政策。对符合条件的困难退役军人经三重制度保障后医疗费用负担仍然较重的,按规定给予倾斜救助。

退役军人事务部门积极发挥优抚医院、光荣院作用,整合医疗资源,接收或集中供养孤老、生活不能自理的退役军人,为困难退役军人健康体检适当减免费用。

支持商业保险公司按照市场化原则为困难退役军人提供人身意外、重大疾病等商业保险产品。

第八条 住房和城乡建设部门在公租房保障、农村危房改造中,结合退役军人服役期间所作贡献和参战、立功、伤残退役军人住房实际需求,将符合条件的纳入优先保障范围。

第九条 每年秋季开学前夕,退役军人事务部门对有入学子女的困难退役军人家庭进行全面走访,通过现金、实物帮扶等形式,让其家庭感受到党和政府的关怀温暖。

教育部门及有关学校按照相关规定对符合条件的困难退役军人子女给予教育资助,保障其基本学习需要,确保顺利完成学业。

第十条 退役军人事务部门发现退役军人

突发重大疾病或重大意外变故、遭受重大自然灾害等情况后,及时开展走访慰问。对享受社会保障待遇后仍有困难的,给予必要的帮扶援助。

第十一条 各地财政部门按照预算管理规定,合理安排资金加强对困难退役军人的帮扶援助。

加强对帮扶资金的监督管理,明确细化帮扶对象标准,规范帮扶审批、资金支付程序,确保专款专用,提高资金使用效益。

第十二条 退役军人事务部门与相关部门建立定期沟通会商机制,共同研究解决困难退役军人帮扶援助工作中遇到的重难点问题。

第十三条 退役军人事务部门通过专项行动实施、项目活动支撑、物资服务保障等方式,提供大病救助、子女助学、照料护理、社会融入、能力提升、法律援助、心理疏导等服务,给予多元化、个性化帮扶救助,打造"情暖老兵"公益品牌。

第十四条 加强区域协作,集中资源力量,推动信息数据共通、公益资源共用、帮扶项目共创、帮扶服务共享,常态化开展致敬英雄、大病救助、子女助学、受灾家庭帮扶等项目,探索建立异地帮扶机制,协同帮助解决困难退役军人实际问题。

第十五条 充分发挥各级各类退役军人关爱基金(会)、协会效应,注重发挥老龄协会和残联、妇联以及老年协会等作用,带动社会工作服务机构等社会力量,为困难退役军人送去关爱尊崇和专业化社会服务。

广泛开展爱心企业、个人特别是退役军人创办企业、"兵支书"等,与困难退役军人"结对子"活动,提供就业帮扶、技能培训、生活照料、养老服务等。

第十六条 本规范由退役军人事务部会同教育部、民政部、财政部、住房和城乡建设部、国家卫生健康委员会、国家医疗保障局负责解释。

第十七条 本规范自印发之日起施行。现行政策与本规范不一致的,以本规范为准。

残疾军人康复辅助器具配置办法

(2025年1月17日 退役军人部发〔2025〕4号)

第一章 总 则

第一条 为进一步规范残疾军人康复辅助器具配置工作,保障残疾军人的合法权益,不断提高和改善他们的生活质量,根据《中华人民共和国退役军人保障法》、《军人抚恤优待条例》等法律法规和有关政策规定,制定本办法。

第二条 本办法所称残疾军人是指退出现役、由退役军人工作主管部门负责抚恤的残疾军人。

第三条 本办法所称残疾军人康复辅助器具配置工作,包括残疾军人康复辅助器具的技术咨询、评估、方案设计、适配、更换、维修、使用训练等服务。残疾军人康复辅助器具配置应当结合当地经济社会发展水平，遵循实用、安全、科学、便利的原则。

第四条 残疾军人康复辅助器具是指针对其本人评定残疾等级时的致残部位，用于改善、补偿、替代其人体功能和实施辅助性治疗以及预防残疾的产品。残疾军人康复辅助器具配置范围包括假肢、矫形器、移动辅助器具、生活自理和防护辅助器具、信息交流辅助器具、其他辅助器具等（包括器械、仪器、设备和软件）。

残疾军人同时按规定享受社会残疾人相关待遇。同种类康复辅助器具产品不重复配置。

第二章 配置要求

第五条 残疾军人康复辅助器具配置工作由省级人民政府退役军人工作主管部门统一负责。省级人民政府退役军人工作主管部门应当严格履行政府采购程序，采用公开招标、框架协议等采购方式，选取质量合格、价格合理、服务优质、具有良好配置经验的康复辅助器具生产、服务机构作为本省（区、市）残疾军人康复辅助器具定点配置机构并签订服务协议。省级人民政府退役军人工作主管部门已有所属配置机构的，可由该机构承担相关工作。同时，应当结合本地实际，完善残疾军人康复辅助器具配置条件、配置标准、配置流程以及费用报销、结算等规定。

第六条 残疾军人康复辅助器具定点配置机构应当按照国家质量标准，根据《残疾军人康复辅助器具配置目录》（见附件）指引的类别、名称、主要技术要求、适用范围、使用年限等要求为残疾军人提供康复辅助器具配置服务。

定点配置机构应当强化服务意识、优化服务流程，适时开展服务评价、跟踪回访等工作，并接受省级人民政府退役军人工作主管部门和其他相关部门的监督、服务质量考核。

第七条 残疾军人需要配置、更换、维修康复辅助器具的，应当由本人（无民事行为能力人或者限制民事行为能力人由其监护人）向当地县级人民政府退役军人工作主管部门提出申请，或者由乡镇（街道）、村（社区）退役军人服务站代为提出申请，在逐级报经省级人民政府退役军人工作主管部门审查确认后，由定点配置机构按规定配置、更换、维修康复辅助器具。

鼓励各地充分利用数字化、信息化手段协助开展残疾军人康复辅助器具配置工作。

第八条 对于残疾军人无法自行携带的护理床、轮椅等康复辅助器具的配置、更换、维修，由定点配置机构采取寄递方式提供送货上门服务。对于定制型康复辅助器具的配置、更换、维修，可由定点配置机构上门提供评估、适配等服务。

一级至四级、八十周岁以上以及其他行动

不便的残疾军人,一般应当根据服务协议由定点配置机构提供上门服务。

第九条 定点配置机构必须尊重残疾军人的知情权。残疾军人按规定在定点配置机构配置、更换、维修康复辅助器具时,配置机构应当书面明确告知残疾军人配置与使用康复辅助器具的注意事项和费用限额。残疾军人要求配置《残疾军人康复辅助器具配置目录》以外的康复辅助器具的,应当明确告知超限部分及自付费用,在书面征得残疾军人同意后方可配置。

第十条 一级至八级残疾军人配置康复辅助器具,经当地县级人民政府退役军人工作主管部门审核,确需到本省(区、市)定点配置机构适配的,其城际交通(指乘坐火车、长途公共汽车等)、食宿费用,由当地县级人民政府退役军人工作主管部门参照机关事业单位工作人员差旅费有关规定给予适当补助。

第三章 保障措施

第十一条 残疾军人配置康复辅助器具所需资金由省级人民政府保障。有条件的地区可采取适当安排彩票公益金、开展社会捐赠和慈善公益等方式，拓展筹资渠道。

第十二条 残疾军人康复辅助器具配置工作的资金使用，应当坚持公开透明、规范管理和专款专用原则。

省级人民政府退役军人工作主管部门应当加强对残疾军人康复辅助器具配置工作的管理指导和资金使用的监督检查，配合有关部门做好审计等工作，确保资金使用合法合规；配合民政等部门加强定点配置机构事中事后监管，推动残疾军人康复辅助器具配置工作水平不断提高。

第十三条 定点配置机构因产品质量或服务问题，造成残疾军人人身伤害、财产损失等严重后果的，依法依规取消定点配置资格并追究责任。

第十四条 残疾军人不得出售、出租在使用期限内的康复辅助器具，应当科学合理使用康复辅助器具，防止因使用不当导致人身、财产损害。

第四章 附 则

第十五条 《军人抚恤优待条例》规定的伤残预备役人员、民兵民工需要配置康复辅助器具的，按照本办法执行。伤残人民警察等需要配置康复辅助器具的，参照本办法执行，费用由所在单位承担。

第十六条 本办法自印发之日起施行。《残疾军人康复辅助器具配置暂行办法》（民发〔2013〕15号）同时废止。

附件：残疾军人康复辅助器具配置目录（略）

残疾退役军人医疗保障办法

(2022年1月5日 退役军人部发〔2022〕3号)

第一条 为切实保障残疾退役军人的医疗待遇,根据《中华人民共和国退役军人保障法》、《军人抚恤优待条例》等法律法规的规定,制定本办法。

第二条 本办法适用于服现役期间因战、因公、因病致残被评定残疾等级和退役后补评或者重新评定残疾等级的残疾退役军人。

第三条 坚持待遇与贡献匹配、普惠与优待叠加原则,残疾退役军人按规定参加基本医疗保险并享受相应待遇,符合条件的困难残疾退役军人按规定享受医疗救助。

第四条 一级至六级残疾退役军人按照属

地原则参加职工基本医疗保险,七级至十级残疾退役军人按照属地原则相应参加职工基本医疗保险、城乡居民基本医疗保险。鼓励残疾退役军人参加其他形式的补充医疗保险。

第五条 残疾退役军人在按规定享受基本医疗保障待遇的基础上,享受优抚对象医疗补助。各地要进一步健全完善优抚对象医疗补助制度,保障水平应当与各地经济发展水平和财政承受能力相适应,保证残疾退役军人现有医疗待遇不降低。

第六条 有工作单位的一级至六级残疾退役军人随单位参加职工基本医疗保险,按规定缴费;无工作单位的一级至六级残疾退役军人参加职工基本医疗保险,以统筹地区上一年度城镇单位就业人员平均工资作为缴费基数。

所在单位无力参保和无工作单位的一级至六级残疾退役军人由统筹地区退役军人事务部门统一办理参保手续。其单位缴费部分,经统筹地区医疗保障、退役军人事务、财政部门共同审核确认后,由残疾退役军人户籍所在地财政安排资金。

一级至六级残疾退役军人参加职工基本医疗保险个人缴费确有困难的,由残疾退役军人所在单位帮助解决;所在单位无力解决和无工作单位的,经统筹地区医疗保障、退役军人事务、财政部门共同审核确认后,由残疾退役军人户籍所在地财政安排资金。

移交政府安置军队离退休干部退休士官中的一级至六级残疾退役军人医疗保险按照国家有关规定执行。

第七条 有工作单位的七级至十级残疾退役军人,随单位参加职工基本医疗保险,按规定缴费。当地退役军人事务部门应当督促残疾退役军人所在单位按规定缴费参保,所在单位确有困难的,各地应当通过多渠道筹资帮助其参保。

未就业的七级至十级残疾退役军人,可按规定参加城乡居民基本医疗保险。其中纳入低保、特困人员救助供养范围的残疾退役军人，由其户籍所在地医疗保障部门通过医疗救助基金等对其参加居民基本医疗保险的个人缴费部分给予补贴。

未参加基本医疗保障制度的，以及参加上述基本医疗保障制度但个人医疗费用负担较重的残疾退役军人，按规定享受城乡医疗救助和优抚对象医疗补助政策。

第八条 残疾退役军人按规定在户籍所在地享受优抚对象医疗补助，医疗补助所需资金由当地退役军人事务部门根据本地经济发展水平、财政承受能力、残疾退役军人医疗费实际支出和服现役期间医疗保障水平等因素测算，经同级财政部门审核确定后，列入当年财政预算。各地应当通过财政预算安排、吸收社会捐赠等多种渠道，筹集医疗补助资金。医疗补助资金单独列账。

第九条 因战因公致残的残疾退役军人旧伤复发的医疗费用，参加工伤保险并依法认定为工伤的，按照《工伤保险条例》的有关规定解决。未参加工伤保险但医疗费用符合工伤保险诊疗项目目录、工伤保险药品目录、工伤保险住院服务标准的，有工作的由工作单位解决；所在单位无力支付和无工作单位的，从优抚对象医疗补助资金中解决。

因战因公致残的残疾退役军人旧伤复发，由其户籍所在地设区的市级以上人民政府退役军人事务部门组织医疗卫生专家小组进行确认，医疗卫生专家小组出具旧伤复发医学鉴定意见。因战因公致残残疾退役军人取得旧伤复发医学鉴定意见后，有工作单位的依据《工伤保险条例》相关规定申请工伤认定，无工作单位的按规定申请优抚对象医疗补助。

第十条 残疾退役军人到医疗机构就医时按规定享受优先挂号、取药、缴费、检查、住院服务，优先享受家庭医生签约和健康教育、慢性病管理等基本公共卫生服务。

残疾退役军人在优抚医院享受优惠体检和

优先就诊、检查、住院等服务，并免除普通门诊挂号费。

残疾退役军人在军队医疗机构就医，凭残疾军人证与同职级现役军人享受同等水平的挂号、就诊、检查、治疗、取药、入院全流程优先，以及就诊场所、病房条件等优待，并免除门急诊挂号费。

第十一条 医疗机构应当公开对残疾退役军人优先、优惠的医疗服务项目；完善并落实各项诊疗规范和管理制度，合理检查、合理用药、合理诊疗、合理收费。医保定点医疗机构和工伤保险协议医疗机构应当严格执行医保和工伤保险药品、医用耗材、医疗服务项目等目录，优先配备使用医保和工伤保险目录内药品。

第十二条 残疾退役军人医疗保障工作由退役军人事务、财政、人力资源社会保障、卫生健康、医疗保障、军队后勤保障等部门管理并组织实施，各部门应当密切配合，切实履行各自职责。

第十三条 退役军人事务部门应当严格残疾退役军人的审核工作并提供有关资料，负责为所在单位无力参保和无工作单位的一级至六级残疾退役军人办理参加职工基本医疗保险等手续；组织发放优抚对象医疗补助，协调有关部门研究处理医疗保障工作中遇到的具体问题；组织因战因公致残残疾退役军人旧伤复发鉴定，及时向工伤保险行政部门提供残疾退役军人伤情等信息，配合工伤认定调查；对年老体弱、行动不便的残疾退役军人就医等给予协助；按照预算管理要求编制年度优抚对象医疗补助资金预算，报同级财政部门审核。

第十四条 各级财政部门按规定落实经费保障，并会同有关部门加强资金的监督。省级财政要切实负起责任，减轻基层压力。中央财政按规定对优抚对象医疗保障经费给予适当补助。

第十五条 人力资源社会保障部门应当做好参加工伤保险的因战因公致残残疾退役军人

旧伤复发医疗费用支付工作。

第十六条 卫生健康部门应当组织医疗机构为残疾退役军人提供优质医疗服务;加强对医疗机构的监督管理,规范医疗服务,提高服务质量,保障医疗安全;支持、鼓励和引导医疗机构制定相关优待政策,落实优待措施。

第十七条 医疗保障部门应当将符合条件的残疾退役军人纳入职工基本医疗保险、城乡居民基本医疗保险、医疗救助制度覆盖范围;做好已参保残疾退役军人的医疗保险服务管理工作,按规定落实参保残疾退役军人相应的医疗保险待遇、医疗救助待遇。

第十八条 有关单位、组织和个人应当如实提供所需情况,积极配合残疾退役军人医疗保障的调查核实工作。

第十九条 各地应当积极完善基本医疗保险、大病保险、医疗救助、工伤保险、优抚对象医疗补助"一站式"费用结算信息平台建设,努力实现资源协调、信息共享、结算同步,减轻残疾退役军人医疗费用垫付压力。

第二十条 各地退役军人事务、财政、人力资源社会保障、卫生健康、医疗保障部门可以根据本办法并结合本地区实际情况制定实施办法,切实保障残疾退役军人医疗待遇的落实。

第二十一条 本办法由退役军人事务部会同财政部、人力资源社会保障部、国家卫生健康委、国家医保局以及中央军委后勤保障部解释。

第二十二条 本办法自印发之日起施行。2005年12月21日民政部、财政部、原劳动和社会保障部印发的《一至六级残疾军人医疗保障办法》同时废止。

退役军人、其他优抚对象优待证管理办法(试行)

(2021年11月15日 退役军人部发〔2021〕67号)

第一章 总 则

第一条 为规范退役军人和烈士遗属、因公牺牲军人遗属、病故军人遗属等其他优抚对象优待证(简称优待证)制发、使用和服务管理,维护持证人权益,提高优待服务管理水平,依据《中华人民共和国退役军人保障法》和国家有关规定,制定本办法。

第二条 优待证分为"中华人民共和国退役军人优待证"、"中华人民共和国烈士、因公牺牲军人、病故军人遗属优待证"两种,分别面向符合条件的退役军人和烈士遗属、因公牺牲军人遗属、病故军人遗属等其他优抚对象发放。

本办法适用于优待证的申请、审核、制作、发放、使用、服务、管理及其它相关工作。

第三条 优待证是持证人彰显荣誉的载体、享受优待的凭证。

第四条 优待证服务管理工作坚持彰显荣誉、规范有序、精准动态、便捷安全的原则。

第五条 退役军人事务部负责指导全国优待证制发和服务管理工作,确定并适时调整合作银行范围。省(区、市)退役军人事务厅(局)负责明确本地区优待证服务管理具体要求,在退役军人事务部确定的合作银行范围内,确定本地区合作银行,推进优待证在本地区的使用。市、县退役军人事务局负责本地区优待证发放和服务管理工作。

第六条 优待证全国统一制发,统一式样,印有优待证种类名称、持证人姓名、持证人性别、持证人相片、发放单位等信息。

优待证全国统一编号并以加密方式储存于优待证芯片内,提供数据服务使用。

第七条 持证人应模范遵守法律法规,保守国家和军事秘密,践行社会主义核心价值观,积极参加社会主义现代化建设,在社会生活中发挥先锋作用,引领良好道德风尚,珍惜维护荣誉,爱惜优待证。

第八条 退役军人事务部加强优待证服务管理工作信息化建设,建立完善全国优待证管理信息系统,为做好优待证服务管理工作提供支持。

第二章 功　　能

第九条 优待证由退役军人事务部联合相关合作银行共同制作,优待证以银行借记卡为载体,不具备透支功能。

优待证关联的个人银行账户按相关规定管理。

合作银行按照国家有关要求做好金融功能相关的服务管理，配合做好优待证服务管理及优待项目拓展等工作，为持证人提供优先优惠等优待服务。

第十条 持证人凭优待证按照《中华人民共和国退役军人保障法》和国家有关规定，享受公共交通、文化、旅游等方面的优待服务。

国家将不断调整基本优待目录清单项目，以优待证为识别认证载体，充分发挥优待证服务使用功能，更好地为持证人服务。

第十一条 持证人凭优待证享受发放省份提供的优待服务。

鼓励各地在有条件的基础上，将本地提供的优待服务面向全国持证人开放。

第十二条 鼓励企业、社会组织等社会各界为持证人提供多元化优待服务。

第十三条 地方各级退役军人事务部门应积极推广优待证在本地区、相关行业领域的应用，不断扩大优待证使用范围、提高优待证知晓度。

在保持式样标准不变、主要功能不变、管理主体不变、工作流程不变的前提下，可以通过优待证搭载其他公共服务功能。

第十四条 退役军人事务部适时推出电子优待证，实现持证人信息在线查验、优待项目线上服务与线下渠道有效衔接等功能。

第十五条 在基于优待证开展金融领域应用时，应当按照网络安全、个人信息保护等法律法规和国家有关规定要求，履行个人金融信息保护责任，切实保障持证人资金与信息安全。

第十六条 各级退役军人事务部门应逐步实现通过优待证关联的个人银行账户发放抚恤补助金、慰问金等。

第三章 申 请

第十七条 退役军人和烈士遗属、因公牺牲军人遗属、病故军人遗属等其他优抚对象原则上应向户籍地乡镇（街道）退役军人服务站提出申请。不在户籍地常住的，可向常住地乡镇（街道）退役军人服务站提出申请。

本办法施行后，安置地退役军人事务部门接收退役军人时，可依对象本人意愿完成申领。

无民事行为能力或限制民事行为能力人，需由监护人提出申请。

第十八条 两种优待证申领条件均符合的申请人，可根据意愿申领其中一种。

具有双重或多重身份的对象，其相关身份均写入优待证芯片，按规定享受相应的优待服务。

第十九条 申请人可申请由户籍地或常住地省份发放优待证。

若申请由常住地省份发放优待证，应符合常住地省（区、市）退役军人事务厅（局）有关规定。如不符合常住地省（区、市）退役军人事务厅（局）有关规定，可根据申请人意愿转为申请户籍地省份发放优待证。

第二十条 申请人提出申请前,应建档立卡。

申请人完成建档立卡后,可通过互联网提出线上申请,也可向户籍地或常住地乡镇(街道)退役军人服务站提出申请。

第二十一条 本人提出申请的,需提供居民身份证、近期1寸白底免冠电子相片等相关证件或材料。

委托他人申请的,受托人还需提供受托人居民身份证及委托书等相关证件或材料。

第四章　审　　核

第二十二条 乡镇(街道)退役军人服务站对符合受理条件的,应检查申请材料内容是否完备、申请优待证种类是否明确等。

符合要求的,提交县退役军人服务中心核实。

第二十三条 县退役军人服务中心依据申请材料,核实对象身份是否真实、申请优待证种类是否准确等。符合要求的,报县退役军人事务局初审。

初审通过的,报市退役军人事务局审核。

审核通过的,报省(区、市)退役军人事务厅(局)备案。

初审通过后,应在30个工作日内完成审核及备案。

第二十四条 申请由常住地省份发放优待证的,由常住地所在省(区、市)退役军人事务厅(局)负责审核、备案。

第二十五条 申请人有下列情形之一的,审核不予通过。

(一)服役期间被部队除名、开除军籍的;

(二)处于被剥夺政治权利期限内的;

(三)处于服刑、羁押、通缉期间的。

第二十六条 申请人受过刑事处罚、被开除中国共产党党籍、被开除公职或存在严重影响身份荣誉的其他情形的,由省(区、市)退役军人事务厅(局)综合考虑相关因素进行审核，审核情况报退役军人事务部备案。

第二十七条 省（区、市）退役军人事务厅（局）备案后，将制证所需信息提供给合作银行。合作银行依照有关法律法规规定予以办理。

第二十八条 省（区、市）退役军人事务厅（局）应定期将优待证制发情况报退役军人事务部。

第二十九条 对未受理或未通过核实、初审、审核的，受理申请的退役军人服务站应及时向申请人反馈情况，并作出说明。

第五章 制 发

第三十条 省（区、市）退役军人事务厅（局）监督有关单位按照《中国金融集成电路（IC）卡规范》等相关要求和标准制作优待证，确保数据存放、传输、使用安全。

第三十一条 受理申请的退役军人服务站在收到优待证时，应做好登记并清点数量、检查外包装是否破损等。

受理申请的退役军人服务站一般应在收到优待证后10个工作日内通过主动送达、集体颁发或双方约定的其他方式发放，并做好登记。

退役军人服务站收到优待证3个月后仍无法联系到申请人的，应将该优待证逐级上交至省（区、市）退役军人服务中心。

第三十二条　申请人收到优待证核对证面信息无误后，按照有关规定激活金融功能。

证面信息有误的，申请人应及时联系受理申请的退役军人服务站，交回已领优待证，并由省（区、市）退役军人事务厅（局）按相关程序重新制作。

第六章　补　　换

第三十二条　优待证遗失后，持证人应及时告知受理申请的退役军人服务站，并按照银行有关规定挂失。

第三十四条 优待证遗失的,持证人可在办理正式挂失手续后,提出补领申请。

补领新证后找回原证的,持证人应当将原证交回受理申请的退役军人服务站。

第三十五条 出现下列情形之一的,持证人可以申请更换优待证。

(一)优待证损坏不能在读卡设备上正常读取的;

(二)优待证证面污损、残缺,信息无法辨认的;

(三)优待证证面信息需要变更的;

(四)持证人户籍地或常住地省份发生变化的;

(五)两种优待证申领条件均符合的持证人需要变更优待证种类的;

(六)其他需要更换的情形。

出现前款第一项、第二项情形的,持证人应持本人居民身份证到合作银行更换;出现前款第三项、第四项、第五项、第六项情形的,持证人应向受理申请的退役军人服务站提出更换申请,并按有关规定办理。

第三十六条 需要变更优待证发放省份的,持证人应先取消相应的银行金融账户,凭银行出具的金融账户取消证明申请更换。

第三十七条 持证人在申请更换优待证时,须交回原持有的优待证。

第三十八条 优待证首次申领免费。

因优待证卡片质量问题造成无法使用的,按相关金融规定认定后,可免费更换;符合第三十五条第三项、第四项、第五项情形的,可免费更换。

除上述情形外,需要更换或补领的,相关费用按照合作银行有关规定执行。

第七章 收 回

第三十九条 持证人存在下列情形之一的,经省(区、市)退役军人事务厅(局)批准,由受理申请的退役军人服务站收回其优待证，并报退役军人事务部备案。

（一）伪造、变造、买卖、出租、出借优待证的；

（二）使用虚假证明材料骗领优待证的；

（三）户籍注销的；

（四）被剥夺政治权利的；

（五）处于服刑、羁押、通缉期间的；

（六）被开除中国共产党党籍或者被开除公职的；

（七）存在严重影响身份荣誉的其他情形。

第四十条 确认收回的，省（区、市）退役军人事务厅（局）及时通知合作银行暂停应收回优待证的非柜面业务办理功能；仍有相关金融功能需要使用的，由合作银行在完成金融功能转移后协助收回。

第四十一条 收回的优待证，由省（区、市）退役军人服务中心负责登记销毁。

第四十二条 持证人被收回优待证后，相关情形消失、能够主动改正错误并积极消除负面影响的，可以重新申请优待证，由省（区、市）退役军人事务厅（局）综合考虑相关因素进行审核，审核情况报退役军人事务部备案。

第八章　监督管理

第四十三条　对伪造、变造、买卖、出租、出借优待证，故意污损、划刻、破坏优待证或者恶搞、丑化、玷污优待证形象，将优待证用于商业、娱乐活动，以及其他不恰当使用优待证的行为，各级退役军人事务部门应当及时予以制止、督促纠正、批评教育。涉嫌违法犯罪的，依法协调相关部门处理。

第四十四条　省（区、市）退役军人事务厅（局）应定期会同同级公安、民政、人力资源社会保障等部门对生存、婚姻、社保等信息进行比对，及时更新对象信息，实现精准管理。

第四十五条 各级退役军人事务部门、退役军人服务中心（站）以及有关单位的工作人员，在优待证服务管理工作中应按照职能职责做好工作。对因履职不力造成严重社会影响的，依法依规问责追责。

第四十六条 地方各级退役军人事务部门可委托所属退役军人服务中心协助配合开展有关工作。

第四十七条 各级退役军人事务部门、退役军人服务中心（站）应采取技术手段和服务管理措施，保护持证人个人隐私，依法使用有关信息。

第四十八条 各级退役军人事务部门、退役军人服务中心（站）、合作银行应加强合作，共同建立服务体系，及时解答对象关于优待证申请使用、优待政策、优待项目等咨询，妥善处理投诉，建立办理反馈机制，主动接受社会监督。

第九章　附　　则

第四十九条　本办法所指的烈士、因公牺牲军人、病故军人的遗属,是指烈士、因公牺牲军人、病故军人的配偶、父母(抚养人)、子女,以及由其承担抚养义务的兄弟姐妹。

第五十条　军级以上退休干部在移交省军区系统后申领优待证的,具体由省军区(卫戍区、警备区)政治工作部门与省(区、市)退役军人事务厅(局)对接办理。

第五十一条　中国人民武装警察部队依法退出现役的警官、警士和义务兵等人员,适用本办法。

第五十二条　本办法自印发之日起施行。

图书在版编目(CIP)数据

退役军人法律法规汇编 / 中国法治出版社编.
北京：中国法治出版社, 2025.3. -- ISBN 978-7-5216-5165-2

Ⅰ. D922.509

中国国家版本馆 CIP 数据核字第 2025XV9075 号

退役军人法律法规汇编
TUIYI JUNREN FALÜ FAGUI HUIBIAN

经销/新华书店
印刷/鸿博睿特（天津）印刷科技有限公司
开本/880毫米×1230毫米 64开　　印张/ 5　字数/ 105千
版次/2025年3月第1版　　　　　　2025年3月第1次印刷

中国法治出版社出版

书号 ISBN 978-7-5216-5165-2　　　　　　定价：20.00元

北京市西城区西便门西里甲 16 号西便门办公区
邮政编码：100053　　　　　　　　　传真：010-63141600
网址：http：//www.zgfzs.com　编辑部电话：010-63141673
市场营销部电话：010-63141612　印务部电话：010-63141606

（如有印装质量问题，请与本社印务部联系。）